演習 保育内容

言 葉

― 基礎的事項の理解と指導法 ―

戸田雅美 編著

岡田たつみ
金澤妙子
亀﨑美沙子
菅野良美
小久保圭一郎
田中卓也
内藤知美
永倉みゆき
平山祐一郎 共著

建帛社
KENPAKUSHA

はじめに

保育を学ぶみなさんであれば，現在の日本の保育制度がとても複雑であることを知っていることだろう。幼稚園（文部科学省），保育所（厚生労働省），幼保連携型認定こども園（内閣府）など，様々な保育の場がある。しかし，今回の改訂（定）で，どの保育の場においても，幼児教育を行うことが決まったことは，画期的なことである。そして，小学校就学前までに育みたい資質・能力と「幼児期の終わりまでに育ってほしい姿」が，共通して定められた。それも，これまでと同じく５領域の保育内容を通してとされている。

そのために，どの保育の場においても，保育内容である「領域」ごとのねらいと内容の共通化が図られた。具体的には，３～５歳児の保育内容の共通化，さらに，３歳未満児の子どもを保育する場である保育所と幼保連携型認定こども園においては，１歳～３歳未満児の保育内容と乳児保育（０歳児）の保育内容についても，共通化が図られることになった。また，保育者養成課程における，保育内容の基礎的事項と指導法についても，実践に基づいてより深く学ぶことが求められるようになった。おそらく，日本で育つ就学前の子どもたちは，どの保育の場であろうと，同じように豊かな育ちを保障したいという願いが込められているからであろう。

本書の特徴は，新たな養成課程が求める，保育内容「言葉」の領域の指導法について，基礎的事項についても，実際の指導法についても，学ぶことができるようにしたことである。そのため，養成校で学ぶべき要素を，どの章で学ぶことができるかを示す表を付けることにした（目次の前に掲載）。この表を確認することによって，保育者養成の中で求められている保育内容の学びについてや身に付けるべきことを理解し，学生自らさらに学びを深めることができるようなガイドとすることにした。大学等の養成校での学び方も今回大きく変わり，アクティブラーニングや実際に授業を受ける時間の２倍の事前・事後学修をすることが求められるようになった。アクティブラーニングのためには，その準備やまとめるための時間が必要だからである。この表は，アクティブラーニングと学生主体の学びのためのガイドとして使っていただけたら嬉しく思う。

さて，保育内容「言葉」について，学ぶということは，多くの「問い」から出発するべきであろう。例えば，そもそも私たち人間にとって「言葉」とは何か,「言葉」はどのように育って（発達して）いくのか，保育内容「言葉」のねらいや内容はどのよう定められていて，どのように指導したらよいのか，それ以前に，子どもの言葉の実際はどうなっているのか，計画や評価はどのようにしたらよいのか，などである。本書では，保育内容「言葉」をめぐる「問い」を探求する旅のように組み立てた。各章に掲載した，たくさんの事例を読むことで，子どもの姿をイメージしたり，保育者の援助の意図を考えながら，学んでいただきたい。また，事例からは，子どもたちが遊びや生活の中で必要になって，自分なりに言葉の世界を広げている姿が見えてくるだろう。まさに，子どもって，かわいいなぁ，面白いなぁ，子どもなりに考えてるなぁなど，子どもへの理解と共感から保育内容を学んでいけるテキストをめざした。

このテキストを基本にして学び，実習やボランティアを経験し，また，テキストに戻って学び，あなたらしく子どもの「言葉」の豊かな育ちを支える保育を創造できるようになってほしいと願っている。

2019年３月

編者　戸田雅美

A．モデルカリキュラム「幼児と言葉」における到達目標と本書の対応項目

（1）言葉のもつ意義と機能	
〈一般目標〉	
人間にとっての言葉の意義や機能を理解する。	
〈到達目標〉	本書の対応章
1）人間にとっての話し言葉や書き言葉などの言葉の意義と機能について，説明できる。	第1章
2）乳幼児の言葉の発達過程について，言葉の機能への気付きも含めて説明できる。	第2章
（2）言葉に対する感覚を豊かにする実践	
〈一般目標〉	
言葉に対する感覚を豊かにする実践について理解する。	
〈到達目標〉	本書の対応章
1）言葉の楽しさや美しさについて，具体的な例を挙げて説明できる。	第1・7章
2）言葉遊びなどの言葉の感覚を豊かにする実践について，基礎的な知識を身に付ける。	第1・10章
3）言葉の楽しさや美しさに気付き，言葉を豊かにする実践を，幼児の発達の姿と合わせて説明できる。	第1・3・7章
（3）言葉を育て，想像する楽しさを広げる児童文化財	
〈一般目標〉	
幼児にとっての児童文化財の意義を理解する。	
〈到達目標〉	本書の対応章
1）児童文化財（絵本・物語・紙芝居等）について，基礎的な知識を身に付ける。	第10章
2）幼児の発達における児童文化財の意義について理解する。	第10章

B．モデルカリキュラム「保育内容「言葉」の指導法」における到達目標と本書の対応項目

（1）領域「言葉」のねらい及び内容	
〈一般目標〉	
幼稚園教育要領に示された幼稚園教育の基本を踏まえ，領域「言葉」のねらい及び内容を理解する。	
〈到達目標〉	本書の対応章
1）幼稚園教育要領における幼稚園教育の基本，領域「言葉」のねらい及び内容並びに全体構造を理解している。	第3章
2）領域「言葉」のねらい及び内容を踏まえ，幼児が経験し身に付けていく内容と指導上の留意点を理解している。	第3～9章
3）幼稚園教育における評価の考え方を理解している。	第3～9章
4）領域「言葉」に関わる幼児が経験し身に付けていく内容の関連性及び小学校の教科書等とのつながりを理解している。	第3・6・8章
（2）領域「言葉」の指導法及び保育の構想	
〈一般目標〉	
幼児の発達や学びの過程を理解し，領域「言葉」に関わる具体的な指導場面を想定した保育を構想する方法を身に付ける。	
〈到達目標〉	本書の対応章
1）幼児の心情，認識，思考及び働き等を視野に入れた保育構想の重要性を理解している。	第3・6～8・11章
2）領域「言葉」の特性及び幼児の体験との関連を考慮した情報機器及び教材の活用法を理解し，保育構想に活用することができる。	第10・11章
3）指導案の構造を理解し，具体的な保育を想定した指導案を作成することができる。	第11章
4）模擬保育とその振り返りを通して，保育を改善する視点を身に付けている。	第3～9・11章
5）領域「言葉」の特性に応じた現代的課題や保育実践の動向を知り，保育構想の向上に取り組むことができる	第3～9・11章

目　次

Ⅰ．保育内容の「言葉」への理解

Ⅱ．言葉の育ちを支える保育の実際

付録

第1章 「言葉」ってなんだろう

予習課題

1．この章を学ぶ前に，二人組になり，次のワークショップをしてみよう。

1）言葉（手話も含め）を使わずに，ジェスチャーで何かを伝えてみよう。聞き手も言葉で聞き返さないこと。

例：先週は幼稚園のお泊り保育で，カレーライスを作って食べたり，キャンプファイヤーをしたりして楽しかった。

2）一人が話をし，もう一人が聞くのだが，忙しくて返事ができない想定のワークを１分間ずつ交代してやってみよう。

3）互いに自分の欠点と思うことをできるだけ具体的に紙に書き，交換した後，その欠点がむしろ長所にもなりうるという返事を書いて，相手に返してみよう。

2．各自あらかじめ調べてきて，グループで考え合ってみよう。

知っているなぞなぞや早口言葉などの言葉遊びを発表し合い，言葉の観点から考えてみよう。

1．人間にとっての言葉の意義

（1）言葉での表現がコミュニケーションを支える

予習課題1－1）をやってみて，どう感じただろうか。普段言葉を使えば簡単に伝わることが，なかなか伝わらないもどかしさに驚いたかもしれない。特に「先週」というような過去や「今から20年後の未来」といった時間などの目に見えない事柄は，「カレーライス」のように，目に見えるモノに比べると伝えることが難しい。さらに「この作品の芸術史における位置」「目に見えない真実」など，抽象度の高い内容を伝えたいと思ったとしよう。おそらく，人間にとって言葉がいかに便利で，また，言葉によってしか伝えられないことが多いことに気づくだろう。

人間が他者と共にその生活を豊かに営もうとすれば，そこには，相手に伝えたいことや相手と共有し合いたいことが生まれてくる。それは，今の気持ちであったり，ちょっとした情報や日ごろ考えていることだったり，問題を解決できるアイデアだったりする。その伝え合いとは，「コミュニケーション」と呼ばれることもある。伝え合い（コミュニケーション）において，大きな力になるのが，言葉だということができる。そして，人間関係が確かなものであるほど伝え合いがうまく成立するものである。また，反対に，伝え合いがうまく成立するほど，人間関係が確かなものにもなっていく。人間関係と伝え合いは，相互に支え合う関係にあるといえる。

言葉が，人と人とをつなぐものであるということを前提にすると，発せられた言葉に対しては何らかの応答があることが期待される。例えば，握手をすることが人と人とをつなぐものだとしたら，一方が手を差し出し，相手も手を差し出さなければ，握手も成立しなければ，人間関係もうまくいかなくなってしまうこととよく似ている。つまり，言葉を発するということは，握手をしようと手を差し出す行為とよく似ている。

予習課題1－2）は，言葉を発したのに，応答がなかった場合の気持ちを少しだけ味わってみようとするものである。実際，保育の現場は多忙なことが多い。子どもの言葉はゆっくり聞かないと理解が難しい場合もあり，「安易に返事をしてしまうよりは後で聞こう」と思ってしまうこともあるかもしれない。しかし，「少しだけ待っててね」と言葉で伝える，あるいは，目線や表情だけでもこの言葉の意味を込めて返すことが大切である。言葉を発するということは，応答を期待しているという，ごく当たり前のことを心にとめておく必要がある。そうでない場合，言葉が，人と人を分かつものにもなりかねないということである。

(2) 言葉は世界の捉え方を変えることによって思考を支える

人は言葉によって世界の見え方，捉え方を変えることができるということも忘れてはならない。予習課題1－3）は，欠点としか捉えられなかったことでも，長所となることを言葉で見出すことができると確認するものである。例えば，友達が書いた「心配性で無駄に時間を使ってしまう」という欠点に対して，相手が「心配性なおかげで物事を進めるときには何度も確認したりするので失敗が少なくなる。あらゆる心配事について検討してしまうので準備不足がなく，想定しがたい出来事にも落ち着いて対応できる」と書いて返してくれたとしよう。これを読むと「心配性」の捉え方が変わって見えてくる。「心配性」であることは良い面もあり，悪い面ばかりではないかもしれないと，捉え方そのものも変わっていることに気づく。それは，言葉によって変えることができたものである。ここでは，言葉でこのように捉え方を変えてみることが求められる。改めて，言葉を駆使して考えていく過程を振り返ると，言葉には，見方や捉え方を変えるという機能があることに気づく。これもまた，大切な言葉のもつ機能である。

世界の見え方を変えるという言葉の機能の延長線上に，あるいは，同時並行的に，言葉で思考するということがある。世界が平和であるために必要なことは何かという問いについて考えることは，現実の世界が平和だと言いきれないとしても，どうしたら平和になるのか，理想的な平和な世界とはどのような状態をさすといえるのかなど，言葉によって見え方を変えることで思考が始まる。また，その思考の過程も言葉によって形づくられていく。

(3) 言葉で広がるイメージの世界

さらに，この言葉の機能の延長線上には，思考するというだけではなく，詩や物語という世界も広がっている。わくわくするような物語の世界も，言葉によって目の前にある現実とは違う世界が構築されることで，イメージを膨らませ，まさにその物語の世界を生きているかのように感じられる，あるいは，そのような見え方を味わうことができる。

『ぐりとぐら』[1]の話は有名なので小さいころ読んでもらったことがあるかもしれない。ぐりとぐらという野ねずみがいる。その野ねずみたちが，大きな卵をどうやって運ぼうかと悩んだり，色々と試行錯誤しながらも，カステラができあがる。そこから，おいしい匂いがしてきたとイメージできることが必要である。つまり，物語の世界を想像するためには，言葉に導かれつつその世界を構築してみる，物語の世界が目の前に見えるかのように捉える，という言葉の機能がそこには働いている。

もちろん，言葉だけで表現するのは難しいこともある。それを補っているのは，絵本に描かれた絵のもつ力でもある。また，絵本には，絵だけで物語の世界をつくることができるようなものもある。まさに，言葉のない絵本である。しかし，多くの絵本では，絵と言葉が共にあることによって，より豊かな世界が表現できている。例えば，『ぐりとぐら』の場合でいうならば，「ぼくらのいちばんすきなのはおりょうりすること　たべること」という内容を，絵だけでは表すことは難しいであろう。これは，予習課題1－1）で，言葉で言えれば簡単なのに，言葉を使わないでどう表したらいいのか困ったという実感に照らして考えてみよう。言葉が他の表現方法に比べて有利な面ばかりとはいえないが，言葉が他の表現より有利に働く面もまた多いということができよう。

2．言葉の美しさや楽しさを味わう

『ぐりとぐら』の絵本の言葉や絵から想像し，その物語の世界を創造できるのは，言葉が機能しているということが理解できただろう。

ところで，この野ねずみたちの名前は，なぜ「ぐり」と「ぐら」なのだろう。それは，この絵本の作者が，言葉の美しさや楽しさを絵本の魅力にしたいと意図したからではないだろうか。もし，この野ねずみたちの名前が，「たろう」と「てつや」や「あい」と「うえ」だったとしたら，この絵本がこのようにシリーズ化され，ロングセラーになっていなかったに違いない。

「ぐり」と「ぐら」は，はじめの音が同じ「ぐ」であり，「り」と「ら」は，ラ行であるため，子音は同じである。この言葉の音の側面にあるしかけが，この絵本には存在している。それは，もし，「ぼくらのなまえはたろうとてつや」だったらどうだろう。絵本全体の言葉の音の側面の楽しさはぐっと違うものになってしまう。同じく，絵本の中にある「ぐりぐらぐりぐらとうたいながらあるいていくと…」というようなフレーズも，この野ねずみたちの名前が「ぐり」と「ぐら」だからこそ，この絵本の世界を，言葉のリズムの楽しさに満ちたものにしている。

ソシュール[2)]は，言葉は「シニフィエ（意味されたもの）」と「シニフィアン（意味するもの）」によってできていると述べており，両者をコインの表と裏に例えている。具体的には，「リンゴ」と発音したとき，その音（場合によっては文字）の側面は「シニフィアン」であり，それによってモノとしてのリンゴが意味されるという内容の側面が「シニフィエ」ということになる。言葉の力というと「シニフィエ」が注目されがちだが，言葉の美しさや楽しさの中には，「シニフィアン」が作り出すものも多い。

こうした魅力は，『ぐりとぐら』だけに限らない。桃太郎の桃は，「どんぶらこっこどんぶらこ」と流れてくる。これは地方によって違い，「とんぶりとんぶり」と流れてくることもある。いずれにしても，言葉の意味よりも音の楽しさが優先されながらも，流れる様子という意味も同時にイメージさせる力がある。言葉として「桃が流れてきました」だけでは決して表すことができない，言葉によって作り出されたリズムと動く様をイメージさせる力が増していると考えることができるだろう。

3．言葉の不思議に気づかせてくれる言葉遊び

予習課題2では，どのようななぞなぞが集まっただろうか。なぞなぞには，比喩がうまく使われているものと，音の同一性を利用したものがある。例えば，「あるときは丸く太ったり，痩せてとんがったり，ひどいと

きは消えたりするけれど，またいつか必ず元のように丸く太ってしまうものなーに」。答えは，ダイエット中のリバウンドの話などではなく，「月」。「太る」「痩せる」「消える」「また太る」という比喩的な言葉が使われることによって，「月」という物体が，まるで生き物のように感じられるところがポイントである。英語圏の子どもたちが共有している文化であるナースリーライムズがある。これは，マザーグースとも呼ばれる。ライムズとは，「韻(いん)」という意味で，韻がそろうとリズムが生まれる。そこから，わらべ歌になっているものもあり，歌はなくリズミカルな唱え言葉になっているものもある。ナースリーライムズの中には，比喩がとてもすてきななぞなぞがたくさんある。みなさんは，ハンプティダンプティを知っているだろうか。キャラクターのようだが，実は，ナースリーライムズの中で，「卵」という答えのなぞなぞがあり，その主人公の名前である。ぜひこの機会にナースリーライムズにも触れてみよう。

なぞなぞには，このようなタイプとは少し違ったものもある。例えば，「パンはパンでも食べられないパンなーに」「ほしはほしでも空にはないほしなーに」など。答えは「フライパン」と「物干し」（他の答えもある）である。これらは「パン」「ほし」という言葉の音の同一性をうまく利用したなぞなぞといえよう。ただし，「ほし～」の方は，比喩的ななぞなぞと捉えれば，答えとして「ヒトデ」にすることも可能である。ヒトデは星ではなく，空にもない（いない）。これも，月のなぞなぞのように，星という物体と生物のヒトデを，比喩的言葉によって巧みに表現しつつも，言葉によって隠してもいる遊びだといえるだろう。

つぎに，早口言葉について考えてみよう。「生麦生米生卵」「隣の客はよく柿食う客だ」などが有名かもしれない。この遊びは，言いにくい言葉をあえて考えてうまく音に出して言えるかどうかとその早さを競う遊びである。とはいえ，ただ言いにくい言葉を集めただけでは，この遊びの面白さは半減してしまう。言葉は，すでに述べたように，「シニフィアン」と「シニフィエ」が，コインの裏表にようにいつも一体化してしまうという点が特徴である。この遊びは，単に言いにくい言葉を早く言うというだけではなく，同時に，やたらと柿を食べ続ける不思議でおかしな客の存在や，生の麦，米，卵のイメージが浮かんでしまうところに楽しさがある。これが言葉というものの特徴である。さらに，音の難しさをつくるためだけに集められたはずの言葉から浮かぶイメージの不可思議さに気づくと，より面白さが増すという点も特徴である。

ただし，言葉遊びは，子どもの言葉の発達によって楽しさの味わいが違ってくる。なぞなぞや早口言葉に見てきたような，言葉の音や比喩，意味が全て感じられる不思議な楽しさがわかるには，就学前のかなり言葉を自由に使える時期にならないと難しいことが多い。ただし，集団の中で遊んでいるうちにいつの間にか言葉の不思議に気づくというのが，遊びの中の学びの特徴である。できる，わかる，ということよりも，まずは，みんなで遊びながら楽しむことを重視したいものである。

また，早口言葉の何やらおまじないのような音のリズムの楽しさは，乳児の時期から感じ取ることができて，きゃっきゃと喜ぶことも多い。この場合は，意味することにはあまり関心がなく音そのものの楽しさを味わっているということができよう。

絵本も言葉遊びも，子どもはその時期ごとに応じて，違った楽しみを見出していく。保育者は，どの絵本や言葉遊びが，その時期に一番ふさわしいかはある程度見極める必要もある。一方，子どもがその絵本や遊びを楽しいと感じているのであれば，あまり発達の事ばかり先回りして考えすぎず，そのどこを楽しんでいるかをよく理解し，同じ遊びをしていても，それぞれに時期や個人に応じて楽しみ方が違うという理解に立って一人一人の子どもと楽しみを共有するようにしたいものである。

4．子どもの言葉から読み取る

（1）大切なことを表す言葉の機能

これまで，人間にとって言葉とは何かについて考えてきた。最後に，子どもが自然に発した言葉に立ち止まって読み取ることから見えてくる「人間にとっての言葉」について考えてみたい。

事例1-1　バスタオルのちりちゃん

2歳になったA児には，お気に入りの縞模様のバスタオルがあった。家ではいつもこのバスタオルを引きずって歩いていることが多かった。大人は，「しましまタオル」と呼んでいたのだが，ある時，A児は，このバスタオルに「ちりちゃん」という名前を付けたらしく，探すときには，「ちりちゃんは？」と言うようになった。その後，大人もこのバスタオルを「ちりちゃん」と呼ぶようになった。そしてA児は，「♪ちっちちりり，ちっちりり…」と歌までつくって一緒に持ち歩くようになった。

言葉には，固有名詞がある。人は，その対象をとても大切に思い，他の同じようなモノと区別するときに固有名詞を付ける。この事例では，ただのバスタオルから「しましまタオル」と，その対象だけを指し示す名称を大人が付けたのに対し，A児は，よりその対象に愛着を表すように「ちりちゃん」と名付けた。なぜA児が「ちりちゃん」という名称を選んだかは不明である。でも，歌までつくるほど「他のどれとも違う大切さ」を感じていたことは確かであろう。そして，その大切な仲間である「ちりちゃん」と共にあるというA児の心もちが，言葉のリズムを生み，「ちっちちりり，ちっちりり」という表現が生まれたのであろう。言葉に対する感覚の広がりが，言葉のリズムの楽しさとなって，子どもの内面から生まれていると読み取ることができる。

ある園で，インコを飼っていたことがあった。園庭の大きな鳥かごには，十数羽のインコがいたが名前はなかった。ところが，各クラスで，1～2羽かごに入れて飼育しているインコが別にいて，こちらは，全て「れもんちゃん」「そらくん」などと名前があり，その名前を呼びながらみんなで交代に世話をしているのが印象的だった。これもまた「他のどれとも違う大切さ」を感じたからであろう。子どもが自然に使う言葉には，すでに，言葉のもつ他との違いや愛着などを表す機能が発揮されている。

固有名詞とは違うが，子どもは必要に応じて言葉を大きなくくりではなく，それぞれ別ということを表すために使う。例えば，「紙ちょうだい」で全てが済んでいた生活から，「折り紙」「クレープ紙」「お花紙（京花紙）」と細やかに使い分けるようになったりする。これは，どれも「紙」と言えばそれでも間違えではないにもかかわらず，そこを区別することが，意味をもつ生活が営まれているということであろう。同じく，都会では「雪」としか言わないかもしれないが，雪国では，「粉雪」「細雪（ささめゆき）」「あられ」「根雪（ねゆき）」など多くの言葉を使い分けている。雪国の生活では，どんな雪かを区別することが生活の中で重要だからであろう。英語を習った時，「米」も「ごはん」も「おかゆ」も，“rice”であることに驚いた経験はないだろうか。日本人にとって「米」という存在は使い分ける意味が大きいからだろう。このように，子どもの言葉を読み取ると，「言葉って何」の答えが多様に見えてくる。

（2）文字の機能に気づく

事例 1-2　「読んで」……

ある幼稚園を訪問した時，３歳児のＢ児が私に右図のような紙切れを渡してくれた。Ｂ児は，私の応えを待つかのように見上げている。私は，その紙に，鉛筆で細かいくるくるを描いたものが縦に並んで，それが数行になり，最後に人の絵が描いてあるのを見て，私が「あら，お手紙くれたのね。Ｂちゃんが書いたのね。ありがとう。」と言うと，Ｂ児は満足げに笑った。

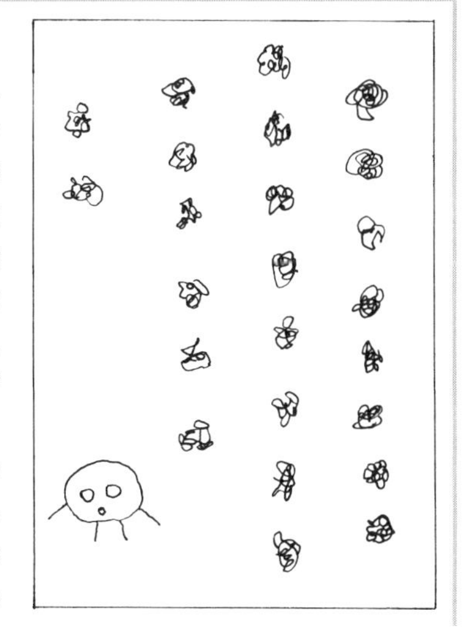

私も，鉛筆のくるくるしたものを文字だと思ったことが間違えではなかったらしいことにほっとした。ところが，その後も私をじっと見つめていたＢ児は，ゆ

っくりとした口調で「読んで」と言う。私も「これでは読めない」と正直に言っては，B児の気持ちを曇らせそうで，本当に困っていると，B児は，「読んであげようか？」と助け舟を出してくれた。「お願いできる？」と私が申し訳ない気持ちで言うと，「いいよ。Bちゃん字読めるんだ」と張り切って私の手から紙を取り，一つ一つのくるくるを指さしながら，「『今日は，楽しかったね。また，幼稚園に遊びにきてください。Bより』って書いてあるでしょ」と読んでくれ，私に「お手紙だからね」と改めて渡してくれた。

言葉の意味内容を示すのに使われるのは，幼児期の場合「音」であることが多い。しかし，1～2歳というかなり早い時期から子どもは文字を使うことによって言葉の意味内容を表現することができることに気づく。また，文字を使う時はどのような時かという状況にも気づいていると読み取ることができる場面がある。

事例1-2のように音としての言葉で言えば簡単なことを，わざわざ文字（らしきもの）で表す姿を見ることも多い。B児は，結局は音として文字を伝えることになっていたが，それは決して話して伝えているわけではなく，「読んであげようか」と言うことで，音になっただけなのである。子どもは，文字を大人に教えてもらう前に，大人と暮らす中で文字の存在に気づき，自分なりに文字の機能を使ってみたいと思うようになる。

他にも，繰り返し読み聞かせてもらって覚えてしまった絵本を広げて，まるで読んでいるように暗唱することもあれば，絵本の文字を一つ一つ指さしながら，自分が考えたお話を語って聞かせてくれる姿もある。保育者のつもりになって年下の子どもに読み聞かせをする5歳児の姿もよく見る。この場合も，5歳児が文字を全て読めている場合もあれば，その物語を自分なりにたどりながら，語って聞かせている場合もある。その場合には，「～ました」「そこへやってきたのは～」など，いかにも書き言葉風の言い回しを使うことが多いということである。話し言葉と書き言葉の違いへの感覚が育っているのであろう。

大切なことは，言葉で表す時に，音だけではなく，文字を使うこともできることに気づくことであり，遊びや生活の中で話し言葉と書き言葉の違いにも気づいていくことであろう。それぞれの部屋に，クラスの名前が書いてあったり，何よりも自分の名前が持ち物に書いてあることによって，話し言葉にはない文字ならではの機能に気づく子どもの姿がある。保育者は，そのような子どもの姿を見落とさず，子どもの思いと共に読み取っていきたい。

まとめの課題

1．子どものころ好きだった絵本を持ってきて①言葉のリズムの楽しさ美しさに着目してみよう，②絵があったとしても，言葉でしか表現できないことに着目してみよう。
2．言葉のリズムの楽しさや美しさが中心にある絵本（例えば，谷川俊太郎作　元永定正絵　『もこもこもこ』　文研出版）を選び，互いに読み聞かせをしてみよう。そして，どのような読み方ができるか考えて工夫してみよう。
3．第１章は，この後の章で書かれている保育実践の実際と深くつながっている。このテキストの他の章を学んでから，この第１章を再度読んでみよう。また，他の章で学んだ事例で，この章に書いてあることを説明してみよう。

引用文献

1）中川李枝子作，大村百合子絵：ぐりとぐら，福音館書店，1967．ほかシリーズ多数．
2）丸山圭三郎：ソシュールの思想，岩波書店，1981．

参考文献

・池上嘉彦：ふしぎなことば　ことばのふしぎ，筑摩書房，1987．

第2章 子どもの言葉の育ちとその道すじ

予習課題

1．あなたが幼児のころ，どんな言葉を発していただろう。その言葉とそれを発した時期を，あなたを育ててくれた人にインタビューしてみよう。
2．今まであなたは乳幼児と接するとき，どんな言葉をかけたかを思い出して書いてみよう。そのときの状況や子どもの反応も記しておこう。
3．街や乗り物の中で見かける子どもたちの発する言葉を聞いて，何歳くらいの子どもか予想してみよう。

1．言葉の育ちの道すじを知る意味

子どもの言葉の育ちは，子どもそれぞれで大きく異なっている。つまり，個人差が大きい。岡本は「子どものことば獲得の過程はひとりひとりにおいてきわめて個性的である。ただ，大勢の子どもの記録を集めて平均的に示すという方法だけでは，そこに抜け落ちてしまうものが少なくない。しかも，その抜け落ちてゆくもののなかにこそ，ことばの本質にかかわるような問題がはらまれていることが実に多い」[1)] と述べている。大変示唆に富む指摘である。子どもの言葉の発達を捉えやすくしようとする試みが，かえって発達の重要な事項を捨て去ってしまうかもしれないというのである。

また，育児において「これって，うちの子だけ？」として，「よくある相談は大きく分けて① 言葉が話せない② ハイハイしない・歩かない③ おにぎりしか食べないなどの偏食」だという[2)]。子どもの周囲にいる大人にとって，子どもの言葉の発達は大きな関心事であると同時に，非常に敏感な課題なのである。平均によってつくられた言葉の発達像は，そこから少しでも外れた子どもの保護者などに，大きな不安や心配の種をまくことになりかねない。しかしながら，多くの子どもがたどる言葉の発達の大まかな道すじを理解し，それと比較する中で，子ども一人一人の個性をつかんでいくのも，ひとつの方法であるといえよう。また，そのことによって浮かぶ支援のアイデアというものもあるだろう。

ここに示す大まかな「子どもの言葉の育ちとその道すじ」によって，言葉の発達の順序性や広がりや深まりを理解してほしい。また，子どもの言葉の育ちに気づいたり，記録したりすることがしやすくなるために，キーワード（専門用語）を学んでほしい。

2．言葉の誕生以前

赤ちゃんが生まれてから初めての言葉を発するまでに，おおよそ1年を要する。では，それまでは言語と無関係に子どもは育っているのかといえばそうではない。乳児期は言葉を使うための準備期である。つまり，周囲の大人や子どもからの言語の刺激を受けながら，また，自分の発声器官を「試運転」しながら，言葉を発することに備える時期なのである。

赤ちゃんは生後1か月ころまで，特に楽しい出来事があったわけではないのにもかかわらず，とてもかわいらしい微笑みをする。これを新生児微笑（生理的微笑）という。このときに周囲の大人がその微笑みに喜んだり，声をかけたりすると，赤ちゃんは「微笑み」にはそのような機能があることを知る。そして，その応答性のよさからコミュニケーションに動機づけられていく。しかし，周囲の大人がその微笑みに気づかなかったり，冷淡であったりすると，赤ちゃんはその「微笑み」の意味を知ることもできず，また，微笑もうともしなくなる。このように，言葉はなくても，コミュニケーションの準備を乳児期の早い段階から行っているのである。

では，言葉となる前の音声の発達的変化を見てみよう。まず，叫喚（きょうかん）である。映画やドラマにおける出産シーンでは，赤ちゃんの誕生は泣き叫ぶ声（産声（うぶごえ））で知らされる。しかし，ずっと泣きわめいているばかりではない。赤ちゃんらしい独特のかわいらしい音声を発するようになる。それが「クーイング」（「クークー」と声を発する），「ガーグリング」（「ゴロゴロ」と喉を鳴らす）といったものである。

そして，生後半年を迎えるころになると，赤ちゃんは盛んに「喃語（なんご）」を発するようになる。喃語には世界中の言語の音声が入っているといわれるほど多様である。ただし，それは音声が言語の使用に向けて整理されつつあるプロセスと見ることもできる。それまでの赤ちゃんの多様な発声の中で，言語に使えないような不思議な音声や変わった音声は次第に消えていくのである。

喃語にも，「バババ」といったように同じ音を反復する喃語もあれば，「アブブ」と違う音が入るものもある。初めての言葉が出る直前になると，まるでお話しをし始めたかのような長さをもつ，「ジャーゴン」と呼ばれる喃語が出てくる。

3．一語文から二語文へ

おおよそ生後1年くらいになるころに，初めて意味を伴った言葉らしい音声を発するようになる。それが「初語（しょご）」である。「マンマ」（お母さん，あるいはごはん）や「ダダ」（お父さん）などが典型例として，よくあげられる。しかしながら，表2-1に示されるような初語，そして，2番目，3番目の言葉の例を見ると，子どもによって実に多様な言葉が発せられることがわかる。

特定の意味を担った言葉を話せるようになるということは，そのたったひとつの語を使って，言葉によるコミュニケーションが開始されたといってもよい。このような表現を「一語文」あるいは「一語発話」と呼ぶ。ただし，一語であるため，何を言いたいのか，そのバリエーションは非常に広い（図2-1）。その言葉が発せられた状況やそれに随伴する表情やしぐ

表2-1　初語の個人差

	はじめてのことば	2番目のことば	3番目のことば
Aくん	まんま（11か月）	ねんね（12か月）	はーい（12か月）
Cくん	いや！（14か月）	いこ！ （行こう，14か月）	ねんね（14か月）
Jちゃん	ちょうだい （12か月）	どうぞ（12か月）	ねんね（12か月）
Kくん	ばいきんまん （12か月）	ばあば（12か月）	あんあんまん （12か月）

（小林哲生：0～3さい，はじめての「ことば」―ことばの疑問あれこれ―，小学館，p.51，2008．抜粋）

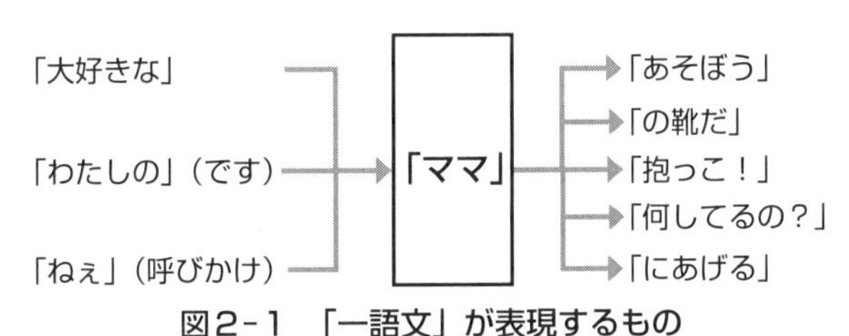

図2-1　「一語文」が表現するもの

（村田孝次：言語発達，児童心理学（藤永保），有斐閣，p.292，1973．を参考）

さにより，それが何を意味しているのかについては，それを聞く側の判断に任されることが多い。むしろ，コミュニケーションの正確さよりも，言葉のやりとりの楽しさを，子どもと共に味わいたい時期である。

「一語文」のつぎに見られるのが「二語文」あるいは「二語発話」である。聞く側が経験や文脈によって，その意味を理解することの多かった「一語文」が，「二語文」になることによって，二語文の話し手は聞き手に対して，かなり明瞭に意味を示すことができるようになる（表2-2）。

子どもが「ワンワン」「ワンワン」と繰り返して言った場合，犬がいることを周りの人によほど伝えたいのだろうと聞き手は理解する。しかし，「チー　ワンワン」という二語文が使えるようになったことで，その子は

表2-2　二語文の例

子どものことば	年　齢	構　　文	状況および意味
アー　パーン！	1：2	感動詞＋述語（名詞）	トースターからパンがとび出したのをみて（命名）
ジュース　ナイナイ	1：7	補語＋述語（幼児語）	ジュースをもういらないからしまうあるいはしまえ（記述・要求）
ガーガー　アーアー	〃	主語＋感動詞	掃除機が倒れた（記述）
ナニ　ドージョ	1：8	補語＋述語（誤）	梨をちょうだいの意（要求）
ウマウマ　ウーウン	〃	補語＋感動詞	食事ほしくない（否定）
ポカポカ　ウマ	〃	音まね語＋一語文	名詞＋名詞とも（同一語の別の言い方）（命名）
ヤァヤァヤァ　イナイネ	〃	主語＋述語（動詞）	八百屋さんいないね（記述，否定）
ブーブー　ニャイニャイ	1：9	補語＋述語	自動車（おもちゃ）をしまえ，持つな（要求）
アカイ　ブーブー	〃	連体修＋被修	「アカイ　ゴーゴー（電車）」「アカイブーブー」などの言い方多し（命名）
ココ　イイ	〃	主語＋述語（形容詞）	
アチ（足）　イタイ	〃	〃	「ポンポン　イタイ」もある（記述）
ココ　ネンネ	〃	補語＋述語（幼児語）	母親のふとんに入ってここにねる（欲求）
オーキー　バブ	〃	連体修＋被修	大きいバス（命名）
アカイ　チョーチン	1：10	〃	「アオイ　ゴーゴー」（ひかり号）もある（命名）
オンモ　イコー	〃	補語＋述語	外に行きたい。「ブーブー　イコー」もある。（欲求）
モー　ナイネー	〃	連用語＋述語（形容詞）	お菓子などがない（記述，否定）
ターチャン　ブーブー	〃	連体修＋被修	自分のおもちゃの自動車（命名）
ココ　ピポピポ	〃	主語＋述語（音まね語）	絵本のパトカーの点滅灯（命名）
ジータン　バイバイ	〃	補語＋述語（幼）	おじいさんにさようならをした（記述）
ホン　ニャイニャイ	〃	〃	絵本をしまいながら（記述）
ピポピポ　ジンジ	1：11	連体修＋被修	パトカーの電池（命名）
ターチャン　ナイナイ	〃	主語＋述語（幼）	自分がしまう（欲求）
フタ　トッテ	〃	補語＋述語（動）	（要求）
カギ　オンモ	〃	補語＋補語	外に行くときに鍵をする。名詞＋名詞とも（記述）
オウタ　モット	〃	補語＋連用修	「お歌をもっとかけて」（要求）
ドーグ　ホン	〃	連体修＋被修	道具の絵本（命名）

（大久保愛：構文の発達，ことばの発達とその障害（村井潤一，飯高京子，若葉陽子，林部英雄），第一法規，pp.210-211，1976.）

犬の大きさ（小ささ）を伝えたかったのだということがはっきりわかる。一語文であったならば，「ワンワン」という発言が繰り返されることにより，子どもの驚きを推測したり，表情やしぐさなどを見て判断したりすることしかできなかったことが，言葉だけでわかるようになるのである。「二語文」では「一語文」に単に一語を足せるようになったという以上の躍進が生じるのである。

さて，ここで岡本の「『ニャンニャン』の記号化過程」(表2-3)ついて触れておきたい。第1段階では「ニャンニャン」は快適状態の喃語である。第2段階では様々な対象に，興味やうれしさという感情を表現するために用いられている。第3段階では特定のものに向けて限定的に用いられるようになる。第4段階では，再び色々な状況で使われるようになり，スピッツから動物へ，スピッツの毛から白さややわらかさへの般化的使用*となる。第5段階では多くの語彙が獲得され始めることによって般化的使用の適用範囲が小さくなる。第6段階で二語文という新しい言語能力を獲得することによって，再び「ニャンニャン」が用いられるようになる。第7段階に至ると，「ニャンニャン」はほぼ使われなくなる。

子どもは周囲の言語環境から言葉を取り込んで，そのまま大人のように安定的に使用するようになると思われがちである。だが，第3段階において，周囲の大人が「わんわんは」と尋ねると，N児は必ずスピッツを見たという。しかし，N児自身はスピッツを「ニャンニャン」と呼ぶのだという。理解語（他者から発せられてわかる言葉）と使用語（自分がある対象に自発的に使う言葉）が一致していない。この「『ニャンニャン』の記号化過程」を見ると，子どもは周囲から取り入れた言葉の「使い勝手」を自分なりにいろいろ試しながら，その言葉を自分のものとしていくようである。

*特定の意味をもった一語を使えるようになっても，その一言が厳密にひとつの意味を担うわけではなく，多くの対象を示すことがある。これを般化的使用という。

表2-3 「ニャンニャン」の記号化過程

段階	月齢	N児の〔発声〕と（対象または状況）
1	7か月	〔ニャンニャン〕〔ニャーン〕（快適状態での喃語）
2	8か月	〔ニャンニャン〕〔ナンナン〕（珍しいものやうれしいものを見つけてよろこんで）（種々の対象に対して）
3	9か月	〔ニャンニャン〕（桃太郎絵本の白犬）←（白毛の玩具のスピッツ）〔確実に模倣〕
4	10か月	〔ニャンニャン〕　（動物のスピッツ）　（白毛のパフ）→（ひものふさ（黒））
	11か月	（猫）←（犬一般）　（白い毛糸・毛布）→（白い壁）
	12か月	（虎）　（ライオン）　（白熊）（白毛のついた靴）
5	13か月	〔ナーン〕（猫）　〔ナンナン〕（犬） 〔モー〕（牛）
	14か月	〔ドン〕（自宅の犬の名ロン）
	16か月	〔ゾー〕（象）
	17か月	〔バンビンチャン〕（バンビー） 〔ウンマ〕（馬）
	18か月	〔クンチャン〕（熊）
6		〔クロニャンニャン〕（黒白ブチの犬）　〔ニャンニャンクック〕（白毛の靴）
	19か月	〔ネコ〕（猫）〔ワンワン〕（犬） 〔オーキニャンニャン〕（大きい白犬） 〔ニャンニャンチョッキ〕（白毛糸のチョッキ）
	20か月	〔クマニャンニャン〕（ぬいぐるみの熊） 〔シュピッツ〕（実物のスピッツ） 〔プチ〕（近所のスピッツの名）
7	21か月	〔プチノヤネプチニアゲルワ〕（プチのだからプチにやろう――白毛の靴を持って）
	22か月	〔ワンワンデショウ〕（戸外の犬の鳴声を聞いて）
	23か月	〔オーキイワンワンワンワンユワヘンワ〕（大きい犬が鳴かずに通るのを見て） （隣人よりケーキをもらって） N児〔ダラガクレタノ？〕 母〔しのはらさん〕 N児〔ワンワンイルシノハラサン？〕 （絵本のろばをさして） N児〔コレ　ナニウマ？〕 母〔ろばさん〕 N児〔ロバウマ？〕

（岡本夏木：子どもとことば，岩波書店，pp.136-137，1982.）

4．語彙の発達

語彙数は初語が出た後，しばらくはゆっくりと増えていき，２歳を迎えるころから，急激に伸びていく。この急増期は，子どもが大人にものの名称を頻繁に尋ねる時期（質問期，命名期）でもある。そして，すでに子どもは自身の移動能力を獲得し，どんどんと行動範囲を広げている。自分で動き回り，様々な事物や現象に出会い，大人に「あれ，なに」「これ，なに」と問うていれば，語彙増大は不思議なことではない。

また，絵本の意味も変わってくるころである。ページをつまんでめくることを楽しむ運動感覚的な絵本の読みから，徐々に絵本の内容に興味が移っていく。絵本の読み聞かせが頻繁に行われれば，それも語彙増大に寄与するだろう。

そして，２歳になると見立て遊びができるようになる時期でもある。例えば，それまでは砂遊びをするときは，砂のジャリジャリやサラサラとした感触を味わう知覚的な遊びであった。しかし，表象する力（心の中で思い浮かべる力）が高まると，お茶碗に砂を入れて，それをご飯と見立てて遊ぶことができるようになるのである。見立てて遊ぶことで，あるいは，何かを何かで見立て遊んでみたいという動機によって，そこでも語彙が増加する機会が増えるのである。

砂をご飯に見立てる，つまりあるものを別のもので表す心の働きを「象徴機能」という。象徴機能をもつことによって「ごっこ遊び」が可能になるが，これは単にあるものを別のものに見立てるだけの遊びではない。役割も見立てられるのである。例えば，お店屋さんごっこをする場合，店員さんという役割に自分を見立てれば，店員さんという立場からものを見るように方向づけられる。すると，様々な商品を意識するようになり，当然その名称を知ることによって，語彙は付加されていくのである。

5．会話の発達

事例2-1　ままごとをしながらの3歳児の会話

アキラ「ドラえもんってさ，すごいんだよねー」
ケンタ「そう，いろいろ入ってんの」
アキラ「どこでもいけちゃうんだよ。ねー」
ケンタ「ねー。赤とか，黄色とかあってさ。ぼく赤がすき」

（戸田雅美：演習　保育内容　言葉，建帛社，p.17，2009.）

語彙が増加すれば，自ずと会話量も増える。語彙だけでなく，文を構成する力である統語力が増していけば，さらに深い内容の会話が可能になる。二語文，多語文と言葉をつなげられるようになり，語順についても理解が深まってくる。例えば，「おんもでて，すなばいく」というような重文が話せるようになり，3～4歳になると「おひさまでたから，おんもいく」というような複文も使えるようになる。

3～4歳になり，言葉が使えるようになった子どもたちは，より言葉を使おうとする。おしゃべりの時期の始まりである。もちろん言葉の発達のみが進んだからではなく，自我の育ちに伴う自己主張の強まりや他者に対する関心の高まりを反映している。

事例2-1を見てみよう。交互に発言をしているので会話的ではあるが，内容のやりとりは一致しているとはいいがたい。アキラはドラえもんについて，ケンタはドラえもんふりかけのことを話しているからである。アキラとケンタが「ねー」と言い合うところに，とにかく言葉を発してみたい，交わしてみたいという2人の意欲が感じられる。もちろん，この「ねー」という発声をしている間に，子どもは何を話そうか，どのように話そうかとプランを立てている可能性もある。

事例2-2　「あー，コドクだー」4歳児

4歳児クラスのタミコたちは，いつも仲良しの5人で朝からずっと鬼ごっこをしていた。そのうちに疲れたのか，木陰に座りこんで何か話しはじめた。しばらくすると，タミコが「あー，コドクだー」と言って，両手をあげると後ろに大の字に寝てしまった。すると，ほかの子どもたちも，次々と伸びをして「あー，コドクだー」と口々に言って大の字になっていった。ちょうど見ていた主任が，「タミちゃん，『コドク』ってどういうことなの？」と聞くと，タミコは，「えー，先生大人なのに知らないの？　大人はね，疲れたことをコドクって言うんだよ」と教えてくれた。主任は，大真面目な顔で「そうなんだ！」と受け止める。

その日の降園時，迎えにきた母親に主任がこの話をすると，母親は大笑いした後，そう言えば最近あるテレビ番組で「孤独な老人」が話題になっていたのを，タミコも見ていたことがあったと言う。きっとテレビの映像に映った「孤独な老人」の映像が「疲れる」という感じに見えたのではないかと言って笑う。

（戸田雅美：演習　保育内容　言葉，建帛社，p.18，2009.）

事例2-2も見てみよう。4歳児のタミコが「コドク」の意味を間違って用いているにもかかわらず，主任の先生はそれを正すのではなく，「コドク」の意味を問いかけている。また，降園時にお迎えに来た母親もそのエピソードに対しておおらかに受けとめ笑っている。保育者（主任）も母親も，子どもが言葉の意味を間違ったことよりも，子どもにとって難しい大人っぽい言葉にタミコが興味をもち，友だちの間でそれを使ってみようとする意欲こそが大切だと知っているからである。

では，そもそも理想的な会話とはどのようなものだろうか，ということについて考えてみたい。グライス[3)]は，量・質・関係・様態の4つの観点をあげている。必要とされている情報が必要量であること（量），虚偽や無根拠なことを話さないこと（質），関係のあることを話すこと（関係），明瞭にわかりやすく話すこと（様態），である。この4つの観点をクリアした会話を行うことは，子どもだけでなく，大人にとっても非常に難しいことである。

中でも，子どもが特に理想的な会話が困難なのは，3～4歳くらいになるまではまだ「心の理論」が成立していないことがあげられる。子どもが「心の理論」をもてれば，人にはそれぞれに心があり，自分とは異なる心を他者がもっていると理解できるようになる。したがって，自分とは異なる他者が何を知っていて，どのようなことを感じているのかを推測でできるようになるのである。そのため，会話をする際に，相手がすでに知っていることをあえて話さないことや相手にわかりやすく話そうとする工夫は「心の理論」成立後に徐々に可能になってくるのである。

6．言葉と思考

ヴィゴツキーは言語を「外言」と「内言」に分けた。前者はコミュニケーションのための音声化された言葉であり，後者は思考するためのもので，音声化されず，心の中で話される言葉である。まず，外言が発達し，次に外言の音声が徐々に失われながら内面化され，内言となる。外言が内言化されていく時期が幼児期の後半である。その時期に，ピアジェがいうところの「自己中心語」が発生することになる。この「自己中心語」は独語（独り言）や集団的独語などと呼ばれ，声を出してはいるものの，コミュニケーションの意図はなく，思考の役割を担っている。

例えば，子どもがジグソーパズルで遊んでいるとしよう。どんどんはめ込んでいくのだが，途中からピースがまったくはまらなくなってしまった。「ちいさいのがない」「まるいのがない」「絵があわない」などとぶつぶつ言いながら，はめようと懸命にやり続けている。この発話もそのための思考そのものなのだが，そのうちに，「できないな」「やめよかな」と言い出す。しかし，パズルというおもちゃは使い続けたい様子である。すると，「青いのはこっち」「とがっているのはあっち」と言い始め，色や形ごとにパズルのピースを集める遊びに変えてしまったのである。このようにパズルというおもちゃでは遊び続けたいため，目標を変更するという思考も，独り言として現れたのである（第8章　事例8-12参照）。

このように自己中心語は子どもの非社会性を示しているようにも見えるが，実は，外言が内言化する過程で生じる過渡的で不完全な言葉なのである。そこで発せられている言葉は，その子どもの思考の手段となっているのである。このような言語現象も児童（学童）期に入るころになると，すみやかに消えていく。そして，外言と内言はその機能をそれぞれ充実化させていくのである。

7．話し言葉から書き言葉へ

幼児期もその終わりに近づくと，文字への興味が高まってくる。あえて教えるというよりは，日常の生活や遊びの中で，文字との接触機会を増やしていくという自然な学びが重要である。絵本の読み聞かせや文字のおもちゃ，ひらがなやカタカナのポスターを壁面に貼るなど，環境に文字を置いていく工夫が必要である。

では，文字の使用，すなわち書き言葉は，子どもの言葉の育ちにどのように影響していくのだろうか。

岡本[4)]は，言葉を「一次的ことば」と「二次的ことば」に分けた。前者は「乳児期から幼児期にかけての，あの親たちを喜ばせてやまぬことば」である。後者は「子どもが学校時代を通して，新たに身につけてゆくことを求められることば」である。表２－４では，状況・成立の文脈・対象・展開・媒体という観点から両者が比較されている。

表2-4　一次的ことばと二次的ことば

コミュニケーションの形態	一次的ことば	二次的ことば
状　況	具体的現実場面	現実を離れた場面
成立の文脈	ことばプラス状況文脈	ことばの文脈
対　象	少数の親しい特定者	不特定の一般者
展　開	会話式の相互交渉	一方向的自己設計
媒　体	話しことば	話しことば 書きことば

（岡本夏木：ことばと発達，岩波書店，p.52，1985.を改変）

乳幼児期の言葉は，生活や遊びの中で発生する現象で，あまりに自然なため，言葉そのものが意識されることは少ない。しかし，小学校に入り，言葉を言葉として学ぶようになると，具体的で現実的な支えを失って，言葉だけを頼りに言葉を使用せざるをえなくなる。

例えば，遠足の次の日に，学級会で遠足のふりかえりをするとしよう。そこには友達や先生など気心の知れた人々がおり，会話によって，様々なことが語られるだろう。しかし，国語の時間に，遠足の思い出の作文を書くことになったとする。すると，最も頼るべきものは，書き手の頭の中にある記憶となる。一人で思い起こし，言葉にし，文脈をつくっていかなければならない。具体的で現実的な場面もないところで，言葉だけを用い，相手もいないところで，話をつくっていかなければならない。子どもにとってこの作業は簡単なことではない。書き言葉の作文に限らず，人前でスピーチするような話し言葉の場合にも同様のことが起きる。このように，「二次的ことば」の段階に入ると，乳幼児期に育まれた言葉に大きな変容が起きるのである。

さて，子どもにとって，作文など書き言葉の使用がかなり難しいことに関しては，ヴィゴツキーの「ガラス理論」[5)]の説明力が大きい。この「ガラス」とは言葉の比喩表現である。

私たちは透明なガラス越しに外を見るときには，ガラスそのものは気にならない。ガラスの向こうにある景色や物に注意が向き，ガラスの存在に気づかないくらいである。話し言葉のやりとりをしているとき，私たちは同様に言葉そのものを意識せずに，会話を続けることができる。しかし，何らかのきっかけでガラスに注意が向いてしまうと，その背後にある景色や物はぼやけ，意識されなくなってしまう。私たちが書き言葉を使うときがそれである。作文を書いたり，スピーチをしたりするときなどは，言葉そのものが気になってしまい，言葉を整えることに精力を傾けざるをえない。そのことによって，伝えるべき内容がおろそかになってしまうのである。

人は生後1年になるころになって，やっと言葉らしい言葉を発することができるようになる。そして，保護者や保育者，友達とのかかわりを通じて豊かな話し言葉の世界を築いていく。

そして小学校に入ると，書き言葉の習得のために，奮闘努力することになる。言葉だけで読むこと，書くことの難しさを知っていく。しかし，その難しさを徐々に克服することによって，例えば，読書を通じて遠い国のお話やはるか昔にあったことを読み，楽しむことができる。また，自分の考えを文字に表していくことで，自分の考えを深めたり，思わぬ着想を得たりすることができるようになる。

言葉の獲得は，言葉だけの獲得でなされるわけではない。人や物と十分に触れ合うこと，つまり，乳幼児期の諸経験やコミュニケーション体験が言葉の獲得に関与している。それは，インターネットが整備され，様々な通信機器が登場したことで，多様なコミュニケーションアプリが普及し，かつてなかった人々のコミュニケーションスタイルが展開されている現在，その重要性はより声高に主張されることはあっても，否定されるところは何もないといえよう。

まとめの課題

1．この章で学んだ子どもの言葉の発達について，ノート１ページにまとめてみよう。
2．「保育の心理学」で学んだことと，この章で学んだことで，関係の深い事柄を，ノート１ページにまとめてみよう。
3．引用文献欄にある岡本夏木氏の著作，『子どもとことば』『ことばと発達』の岩波新書２冊を，わかるところだけでよいので，読んでみよう。

引用文献

1）岡本夏木：子どもとことば，岩波書店，p.129，1982.
2）2018年９月１日朝日新聞「うちの子だけ？　心配だけど」記事内の畠山美穂氏のコメント
3）グライス，P（清塚邦彦訳）：論理と会話，勁草書房，pp.31-59，1998.
4）岡本夏木：ことばと発達，岩波書店，p.1，1985.
5）ヴィゴツキー，L.S（柴田義松・森岡修一訳）：子どもの知的発達と教授，明治図書，pp.22-23，1975.

第3章 領域「言葉」のねらいと内容及び評価

予習課題

1．2017（平成29）年に告示された「幼稚園教育要領」「保育所保育指針」「幼保連携型認定こども園教育・保育要領」の領域「言葉」のねらいと内容および2018（平成30）年に公表された各解説を読んで，書いてある内容を比べてみよう。1人で読み比べるよりも，できたら3人以上のグループで，1人1冊ずつ持って読み合ってみよう。
2．領域「言葉」のねらいと内容と解説を読んで，子どもの姿をイメージしてみよう。それぞれの内容に対応する事例として，イメージできた子どもの姿や保育の実際を，できる範囲でノートやワークシートにあらかじめまとめて書いておこう。

1．保育における「要領」「指針」の全体構造と領域「言葉」

（1）「要領」「指針」の目標と領域の関係を理解しよう

すでに，教育原理や保育原理の時間に，日本における乳幼児教育の制度について学んでいることだろう。現在，学校教育法に位置づけられ，満3歳以上の幼児が通う「幼稚園」，児童福祉法に位置づけられ，保育を必要とする子どもが通う「保育所」，そして，就学前の子どもに関する教育，保育等の総合的な提供の推進に関する法律に位置づけられている「幼保連携型認定こども園（以下「認定こども園」）」があることを，まずは確認しておこう。そして，それぞれの特徴に対応して，「幼稚園教育要領」「保育所保育指針」「幼保連携型認定こども園教育・保育要領」という，２つの「要領」と１つの「指針」が存在している。この3つの「要領」「指針」の全体構造の中における，領域「言葉」について，理解しておこう。

表３-１は，それぞれの「要領」「指針」の全体構造と領域「言葉」の関係を理解しやすく表したものである。「要領」「指針」は，構成が少しずつ違っているため，それぞれの章構成に沿って並べた。また，領域と，直接関係しない項目については，省略している。

はじめに，それぞれの第１章の第１（「指針」では第１章の１）（下線部）を見てみよう（表３-１）。ここには，保育の「基本」と「目標」が示されている。ただし，「幼稚園教育要領」においては，目標が書かれていない。「幼稚園」は，学校教育法第22条と23条（付録p.157）において，その目標が定められているため，「要領」にはあえて書かれていない。特に，学校教育法第23条の条文を読むと，ほぼ５領域に対応する形で目標が定められている。幼稚園教育の目標については，学校教育法第23条を見ておこう。

これに対し「保育所」は，「指針」に，「保育所保育に関する基本原則」のひとつとして「目標」が示されている（付録p.161）。目標は大きくアとイの２つに分かれており，**ア　子どもに対する保育，イ　保護者支援の「目標」**が示してある。さらに，アの子どもに対する保育の目標には，（ア）～（カ）までの６つの目標がある。この子どもの保育の６つの目標のうち（イ）～（カ）までが，５領域に対応する目標であり，（ア）は，養護に関する基本的事項の内容が目標になっている。５領域の目標は年齢区分別で第２章と第３章に分けて示されており，（ア）養護に関する基本的事項の具体的ねらい及び内容は，第１章総則の２に示されている。

「認定こども園」は，保育所同様に「要領」にも「目標」という項目はあるが，そこに５領域の目標は示されていない。「認定こども園」は，幼稚園と同様に「就学前の子どもに関する教育，保育等の総合的な提供の推進に関する法律（以下認定こども園法）」の第9条「教育及び保育の目標」として，5領域の目標が示されているという形になっている（付録p.164）。

表3-1　「要領」「指針」の全体構造と領域「言葉」

幼稚園教育要領	幼保連携型認定こども園教育・保育要領	保育所保育指針
前文 第1章 総則 第1 幼稚園教育の基本 第2 幼稚園教育において育みたい資質・能力及び「幼児期の終わりまでに育ってほしい姿」 第3 教育課程の役割と編成等 第4 指導計画の作成と幼児理解に基づいた評価 第5～第7（省略）	第1章 総則 第1 幼保連携型認定こども園における教育及び保育の基本及び目標等 ＊3．幼保連携型こども園の教育及び保育において育みたい資質・能力及び「幼児期の終わりまでに育ってほしい姿」 第2 教育及び保育の内容並びに子育て支援等に関する全体的な計画等 第3 省略	第1章 総則 1．保育所保育に関する基本原則 2．養護に関する基本的事項 3．保育の計画及び評価 4．幼児教育を行う施設として共有すべき事項 (1) 育みたい資質・能力 (2) 幼児期の終わりまでに育ってほしい姿
（幼稚園には，3歳未満児がいないので，その時期に関わるねらい及び内容は定められていない）	第2章 ねらい及び内容並びに配慮事項 第1 乳児期の園児の保育に関するねらい及び内容 ・健やかに伸び伸びと育つ ・身近な人と気持ちが通じ合う ・身近なものと関わり感性が育つ 第2 満1歳以上3歳未満児の園児の保育に関するねらい及び内容 健康　人間関係　環境 言葉　表現	第2章 保育の内容 1．乳児保育に関わるねらい及び内容 ・健やかに伸び伸びと育つ ・身近な人と気持ちが通じ合う ・身近なものと関わり感性が育つ 2．1歳以上3歳未満児の保育に関わるねらい及び内容 健康　人間関係　環境 言葉　表現
第2章 ねらい及び内容 健康　人間関係　環境 言葉　表現	第3 満3歳児以上の園児の教育及び保育に関するねらい及び内容 健康　人間関係 環境　言葉　表現 第4 教育及び保育の実施に関する配慮事項	3．3歳以上児の保育に関するねらい及び内容 健康　人間関係 環境　言葉　表現
第3章 省略	第3章～第4章 省略	第3章～第5章 省略

保育内容の５領域のひとつである，領域「言葉」についても，ねらいと内容のさらに上位の目標として，このように示されている。この表を手がかりとして，実際に「要領」「指針」にあたって確認しておこう。

（2）小学校教育との接続

幼稚園，幼保連携型認定こども園，保育所のいずれにおいても，修了後には小学校に就学する。そこで，小学校への滑らかな接続を考慮し，いずれの保育の場においても，幼児教育を行うことになった。それを踏まえ，どの場における幼児教育であっても，小学校就学前までに育ってほしい姿についての統一が図られている。この点について，改めて示しておく。表３-１では，*斜字体*と二重下線で強調して示している。

*育みたい資質・能力*の３項目

（1）豊かな体験を通じ，感じたり，気付いたり，分かったり，できるようになったりする「知識及び技能の基礎」

（2）気付いたことや，できるようになったことを使い，考えたり，試したり，工夫したり，表現したりする「思考力，判断力，表現力等の基礎」

（3）心情，意欲，態度が育つ中で，よりよい生活を営もうとする「学びに向かう力，人間性等」

つまり，各保育の場において「育みたい資質・能力」と「幼児期の終わりまでに育ってほしい姿」が同じものとして示されたということである。「育みたい資質・能力」とは，小学校以降の学校教育と一貫性をもたせる形で，「幼児期に育てたい資質・能力」として，３項目を示したものである。この３項目を見ると，豊かな体験を通して「知識及び技能の基礎」を，子どもなりにできるようになったことなどを応用して「思考力・判断力・表現力等の基礎」を，さらには，自らの生活をよりよくしたいという意欲をもって「学びに向かう力や人間性等」を育てるという方向性が明確に示されている。言葉の指導においても，「言葉で言えるように指導する」

という考え方ではなく，この３項目を念頭において指導を工夫していくことが求められている。

幼児期の終わりまでに育ってほしい姿【10の姿】

（１）健康な心と体　（２）自立心　（３）協同性
（４）道徳性・規範意識の芽生え　（５）社会生活との関わり
（６）思考力の芽生え　（７）自然との関わり・生命尊重
（８）数量や図形，標識や*文字などへの関心・感覚*
（９）*言葉による伝え合い*
（10）豊かな感性と表現

また，「幼児期の終わりまでに育ってほしい姿」は，「10の姿」として10項目示された。ここで，領域「言葉」と直接関連が深いと考えられるのは，（９）*言葉による伝え合い*と，（８）*～文字などへの関心・感覚*であるが，すでに，第１章でも述べた通り，（３）協同性も，言葉なくしてはなかなか実現できず（本書第６章参照），（６）思考力の芽生えにしても，考えるためには，言葉が必要である（同第８章参照）。また，（10）豊かな感性と表現についても，言葉の感覚や言葉で表現することもこの項目の重要な要素である（同第７章参照）。一見，関係が薄いように感じる（１）健康な心と体も，特に「健康な心」は，悲しい，悔しい，うれしいなどの気持ちを言葉で表現したり，その気持ちを，保育者が言葉で表現することで，共感してもらう経験の中で育まれていく。

このように考えると，領域「言葉」に示されているねらいと内容は，「10の姿」全てが育まれるために何らかの関係をもっていると考えることができる。また，逆に，「10の姿」はどれも，５領域全てが総合的に生かされて育つと考えることができる。事実，３つ全ての「要領」「指針」においても，「育みたい資質・能力」の３項目と「10の姿」は，５領域のねらいと内容に則（のっと）って行う保育を通して育つようにと示されている。

領域「言葉」と小学校の接続というと，「国語」という教科との接続を考えてしまうことはないだろうか。幼児教育における５領域は，領域「言葉」に限らず，どの領域も小学校の教科と直接的に接続することはない。小学校との接続は，ここに述べた，幼児期の終わりまでに育つことが望まれる「資質・能力」の３項目と「10の姿」の育ちによって，学びの基礎が育ち，小学校以降の学びへと接続することを覚えておこう。

(3)「保育の基本」として共通すること

「要領」「指針」では，その基本の記述には違いがある。しかし，保育の基本として共通することがある。① 乳幼児期にふさわしい生活と主体的な遊びを通しての指導が中心となること，② ねらいや内容に応じた活動を大人が決めて，一斉にやらせるのではなく，乳幼児が自ら働きかけることによって育っていくような適切な環境を工夫するということ，また，環境を通しての保育という方法をとること，③ 子ども自身が環境に主体的にかかわって始める遊びの中に，大人側の育ちを見出すための視点が，領域に示されたねらいと内容であること，があげられる。

事例３-１　お泊りにいこうかな　４歳児

４人でままごと遊びをしていた。お父さん役のＡ児，お母さん役のＢ児，お姉さん役のＣ児，妹役のＤ児という家族構成で遊んでいた。その後，隣に別の家ができた。そこには，ジャンプができる遊具が運び込まれていたので，隣の家では，子ども２人の家族というイメージで一緒に食事をしたり，一緒にジャンプをして余暇を過ごすという生活を展開していた。

それを見た，ままごと遊びの姉と妹は，「お母さん，お隣に遊びに行ってきます」と言い，お母さんも，「いってらっしゃい」と応じた。ところが，姉妹役の２人は，お隣の生活の方が楽しくなってしまったらしく，隣の家から「お母さん，今日は，ここにお泊りしていく」と伝える。すると，お母さん役のＢ児も「わかったわ」と応じて，お父さん役のＡ児と２人で食事をすることになる。食事が終わると，お父さん役のＡ児も，「おれも今日はお隣にお泊りに行こうかな」とつぶやく。それに対しお母さん役のＢ児は「お父さんは，明日仕事でしょう。朝が早いからお泊りは無理よ」と答える。

この事例では，最初に始まったままごとの方が，キッチンセット等もしっかり置いてあり，家族の役割も決まっていて，楽しそうだった。後からできたおうちの方は，簡易的なキッチンセットしか残っていなかったので，料理等のイメージはもちにくいようだった。そこで，ジャンプできる遊具を家の一部として取り入れるアイデアが生まれたことによって，遊べるおうちという魅力的なままごとの場になった。そのため，最初にできたおうちの子どもたちが，まずは，隣のおうちを訪問したくなり，ついには，お泊りまでするほど楽しくなってしまったのだろう。それを見たお父さんも，おそらくジャンプの遊びをしに，お泊りに行きたくなったと考えられる。けれども，お母さん役の自分まで隣の家にいっては，最初の家は空き家になってしまうし，家族全員がいなくなることはさびしくて，お母さん役のＢ児はお父さん役のＡ児を引き留めたかったのだろう。

言葉の面からいえば，この事例の場合，子どもは日常の自分の言葉として発話しているわけではなく，それぞれの役柄にふさわしい言葉を選んで表現している。それは，保育者に指導されたからではなく，その方が遊びが楽しくなるという動機によるものであろう。しかし，お母さんらしい言葉の表現を考え，選び，実際に表現するということは，言葉の使用法としては高度である。さらには，してほしいことを「お母さん，お隣に遊びに行ってきます」と，役になりきったままの言葉で表現することや，してほしくないことを「お父さんは，明日仕事でしょう。朝が早いからお泊りは無理よ」と，役になりきったまま，直接的に「してほしくない」という言い方ではない言葉を選んで表現できていることは，より高度な表現だと評価することができる。

つぎに，領域「言葉」のねらいと内容から読み取ってみよう。この事例では，領域「言葉」の内容の（３）「したいこと，してほしいことを言葉で表現したり，分からないことを尋ねたりする」姿と理解し，評価することができる。つまり，領域「言葉」としては，ただ遊んでいるだけに見える子どもの姿から，今何を経験して，どのような育ちにつながると考えられるかを読み取る。すなわち，評価する視点が，領域に示されている「ねらい及び内容」として示されているのである。この事例からもわかるように，多くの場合，子どもの主体的な遊びの中に，領域で経験してほしい内容が含まれている。したがって，領域に示された「ねらい及び内容」とは，それを達成するために，「したいことを伝えるという活動」を大人の指導のもとに一斉に行うというわけではないのである。さらには，両方のおうちに参加していた子どもたちは，かなりの時間盛り上がってジャンプを繰り返していたことを考えると，ジャンプができた子どもは，領域「健康」の内容も，同時に経験しているといえよう。自発的活動としての遊びを通した総合的な指導とは，このように，ひとつの場面にいくつかの領域の内容が総合的に含まれていることを示している。

領域のねらいや内容は，それを経験できる活動を保育者が考えてやらせるためにあるのではなく，保育の「基本」にもある通り，乳幼児にふさわしい日々の生活や主体的な遊びの中に，大人側が，そのねらいや内容にあたる経験を読み取るというものとして考えなければならない。それは大人が直接的に指示してやらせるのではなく，子ども自身が周囲の環境と主体的にかかわることによって成り立っており，その環境を用意したのが保育者である。それは，まさに，保育の方法としては，保育者が用意した適切な環境を通して実現しているという意味で，環境を通した保育ということもできよう。

（4）計画と評価

再び表3‐1を見てみよう。保育の計画についても，「幼稚園」では，教育課程の編成と指導計画の作成と評価，「認定こども園」においては，教育及び保育の内容並びに子育て支援等に関する全体的な計画等，「保育所」では，保育の計画及び評価の項目がある。計画を立てる目的や方法，種類については，別の授業で詳しく学修していくことになっているので，ここでは割愛する。

ただし，領域「言葉」に関する具体的な計画と評価の実際については，本書第11章において，詳しく説明があるので，確認しておこう。第11章では，領域「言葉」と深い関係をもつと考えられる絵本の読み聞かせを一斉で行うという設定の指導計画と，遊びの中での育ちをどのような環境を構成し，どのように援助し，どのように評価するかを示す指導計画の例を示してある。一人一人の子どもが自ら選択して楽しむ遊びの計画は，あくまで予想であり，そこで表される現象の中に，言葉のねらいや内容につながる経験が含まれている。しかし，それを全て予想することはできない。それでも，できる限りの可能性を予想しておくことによって，保育者のとっさの援助が生まれることが，第11章の指導案からは，読み取ることができる。

すでに，保育の「基本」等でも説明したように，5領域のねらいや内容を達成するために中心にすべきとされているのは，子どもの主体的な遊びや子どもの豊かな生活の営みであり，決して保育者主導の一斉活動が中心であってはならないからである。もし，一斉活動として指導する場合であっても，子どもの主体的な遊びや生活を離れたものであってはならない。第11章に示した絵本の読み聞かせも，子どもの遊びを生かすという配慮がなされていることを，見落とさずに学んでいこう。

計画に対する評価は，小学校以上のように，テスト等の評定によることはしない。「要領」「指針」には，一人一人の子どもへの深い理解に基づく評価をすることになっている。これは，事例3-1の解説でも，この事例の評価について述べた通りである。一人一人の子どもにとっての言葉の育ちにつながる経験を子どもの姿の中から読み取ると同時に，そのために保育者が行った環境の準備や援助について振り返り評価する。この実際のあり方も，第11章を手がかりに確認しておこう。

2．領域「言葉」のねらいと内容と指導上の配慮について

予習課題1から，領域「言葉」のねらいと内容も，それぞれに対応して書かれている解説も，「要領」「指針」等全て，同じであることに気づくだ

ろう。教師，保育教諭，保育士等という用語等以外，同じだということは，就学前の教育のねらいと内容を同じものにするということを意味している。この予習課題1によって，領域「言葉」のねらい及び内容，その解説も含めて理解できるよう事後学修をしておこう。

再び，表3-1を確認してみよう。幼稚園教育要領の第2章がある欄を右に見ていくと，3歳以上の子どもに対する5領域のねらい及び内容があり，そこには，領域「言葉」のねらい及び内容が記載されていることがわかる。その上の行には，1歳以上3歳未満の子どもに対するねらい及び内容が記載されていることが示され，乳児（この場合0歳児）保育にかかわるねらい及び内容として，領域ではないが，3つの視点が示されていることがわかる。この3つの視点のうち，身近な人と気持ちが通じ合うが強調してある。これは，1歳以降の領域「言葉」との関連が深いとされている視点である。また，幼稚園の欄に乳児保育と1歳以上3歳未満の記載がないのは，幼稚園に在籍できるのが満3歳以上だからである。

（1）3歳以上の子どもの言葉の育ちを支える保育

事例3-2　貸してあげていいの？　3歳児

E児が1人で人形を並べて遊んでいる。ショーをイメージしているらしく，カセットデッキで音楽を流し，曲調が変わるのに合わせて，人形を回している。人形が踊るショーのごっこ遊びを1人でしているらしい。そこへ，F児が来て，カセットデッキを持つと「貸して」と言う。E児が「いいよ」と答えたので，F児が持って行こうとすると，E児の表情が曇る。

それを見た保育者は，「Eちゃん，Fちゃんに，いいよって，貸してあげていいのかな？　音楽ないと困っちゃうかな～」と聞くと，「音楽ないと困る」と答える。今度は，F児の方が困った表情になる。それを見ていたE児は「Eちゃん一緒に探してあげよっか」と心配そうにF児に言う。F児の表情が少し緩む。保育者は，「わぁ，Fちゃんうれしいね。一緒に探しに行ってくれるって。先生も一緒に三人で探しに行こう」と言うと，F児もぱっと笑顔になる。その後，他のクラスのカセットデッキを借りることができ，2人一緒に飛び跳ねるように戻る。

３歳児は，まだ自分だけの世界で遊ぶことが多い。また，言葉で「貸して」「いいよ」のやりとりはできても，その結果どうなるのかという見通しがないまま形式的なやりとりになってしまうこともある。本来「貸して」という言葉は，「もしよかったら貸してくれますか」という意味を，子どもが言いやすいように省略したものであって，貸してもらえて当然であることを意味するものではない。大人である私たちがいきなり他者に「貸して」という言葉を使わないのは，この意味をよく理解しているからであろう。けれども，「貸して」という形式的な言葉を使うと，その意味合いが抜け落ちてしまい，相手も形式的に「いいよ」と言ってしまうこともある。Ｅ児も，うっかり言ってしまったものの表情は曇ってしまう。その表情の意味は，おそらく「貸してほしいっていうから，うっかり「いいよ」って言ってしまったけれど，これがないと自分の遊びができなくなってしまう。どうしよう」とでも言うべき状況だったと考えられる。保育者は，Ｅ児のそのうまく表現できない複雑な気持ちを言葉にしていると考えられる。

保育者は同じような援助をＦ児に対してもしている。Ｆ児もおそらく「貸してほしいと後から頼んだのは僕だけど，貸してくれるって言ったのに」という複雑な思いがあり，うまく言葉にできなかったのであろう。人間は，言葉が使えても，気持ちが複雑に揺れるとそれを言葉にすることは難しい。保育者は，そこを十分に理解した上で，少し複雑な気持ちを言葉にできるように援助していくことが必要である。このような保育者の援助は，子どもにとってモデルになることが多い。この場面で，Ｅ児が，「Ｅちゃん一緒に探してあげよっか」と言葉にすることができたのは，おそらく，日ごろから保育者がこのような援助をしているのを見て，Ｆ児の気持ちに気づき，どうしたらよいかを考え，言葉で提案することができたのだろう。保育者もまた，このＥ児の言葉を育ちと捉え（評価し），また，それに対してＦ児の表情が少し緩んだことも心が通じ合うこととしてうれしく思い，「わぁ，Ｆちゃんうれしいね。…」という言葉として２人に返したものと考えられる。

これは，領域「言葉」の内容の（1）～（5）に関連する育ちの経験として捉えることができる。（3）したいこと，してほしいことを言葉で表現する，（2）感じたり，考えたりなどしたことを言葉で表現する，（1）保育者や友達の言葉や話に興味や関心をもち，親しみをもって聞いたり，話したりする，という経験をこの事例の中に読み取ることができるからである。また，「貸して」「いいよ」は，（5）生活の中で必要な言葉であり，相手の表情の変化や状況の変化に応じて注意して言葉をやりとりしている点からは（4）人の話を注意して聞き，相手に分かるように話すの内容も含んでいる。

事例3-3　大根がこーんなに大きくなって出たよ　5歳児

このところ，帰りの会で「みんなに話したいこと」がある子どもが前に出て話す活動をしている。ぜひ話したいことがあるという4名が前に出て来ると，G児は「ねぇ，みんな。大根ができたよ」と言うと，H児が「葉っぱはこーんなに（と手を広げて）大きくなってた」，続けて，I児が「葉っぱの下に白い大根が出てて。もう食べられるよ」，J児は「明日，みんなで抜こうよ」と抜く身振りをする。それを聞いていた子どもの一人が「うんとこしょ，どっこいしょ」とうれしそうに言うと，他の子どもたちも，「うんとこしょ，どっこいしょ」とリズミカルに繰り返す。保育者も，一緒に「うんとこしょ，どっこいしょって，明日みんなで抜いて。さーて，何にしてたべようかな。楽しみだね」と言うと，子どもたちも，「おでんにしよう」，「味噌汁がいい」などと言ったり，「小さい組にも分けてあげようね」などと互いに考えを言い合う。

これは，いわゆる一斉活動の話し合い場面である。しかし，子どもたちは，生きた言葉で自分の思いをクラスのみんなに伝えている。これは，伝えたい経験があって，それを言葉で伝えようとしている姿，まさに「10の姿」のひとつと考えられる。

5歳児の一斉活動場面になると，保育者は「○○でした」などの言い方に注目しがちである。また，聞く時は聞く，話す時は話す「態度」に，指導が集中してしまいがちである。もちろん，ですます調で話す経験も長い園生活では経験する必要があるし，人が話している時には注意して聞き

（内容（4）），人が話している途中で勝手に話してはいけないということも指導する必要がある。

しかし，（8）いろいろな体験を通じて言葉を豊かにする，（2）体験を自分なりに言葉で表現する，（3）したいことを言葉で表現する，などの内容がこの事例にはあることが今何よりも重要である。さらに，「うんとこしょ，どっこいしょ」は，まさに（7）言葉の楽しさの表現であり，それは明らかに，（9）絵本や物語への親しみをもってクラス全員がそこに共感したからこそ広がっていると考えられる。それを，保育者が途中で遮（さえぎ）り，言い方や聞き方の問題に変えてしまっては，このクラスの子どもが経験したであろう領域「言葉」の内容を含んだこの事例は成立していないだろう。幼児期には，まず，生き生きとした言葉の表現とそれが伝わる喜びを十分に味わう経験をさせたい。この時期の領域「言葉」のより詳細については，本書第6～8章で学習していこう。

（2）1歳以上3歳未満の子どもの言葉を支える保育

事例3-4　ふわふわふわ　2歳児

昼食のメニューに白いムースのような形のメニューが出た。珍しかったのか，子どもたちは，他のものから食べて，しばらくそれを食べようとしなかった。それを見た保育者は，自分のその白いムースのようなものの皿を手に取ると，子どもたちは興味津々の表情で保育者を見つめる。保育者は，その視線に応えるように，スプーンでそれをすくうと一口食べた。さらに，視線を寄せる子どもたち。保育者が「ふわふわふわ」と頬に手をあててリズミカルに言うと，子どもたちも，それぞれ一口ずつ食べて保育者を見る。保育者が，一人一人に「ふわふわふわ」と答えると，子どもたちは，その言葉がうれしくて，どんどん食べていく。そのうち，K児が，ムースではなくごぼうを保育者に見せながら食べる。保育者は「ごりごりごり」と答える。子どもたちは，次々違う食材を食べては，保育者が何と言ってくれるかを楽しみにしている様子だった。L児が，にんじんを食べると，保育者は「あらら～なんでしょう」と困ったように言う。すると，L児が「にんにんにん」と言って笑う。保育者も，他の子どもたちもうれしそうに笑う。

この事例では，この時期の領域「言葉」のねらいにある（1）自分の気持ちを言葉で表現する楽しさを味わう，（2）人の言葉や話などをよく聞き，自分の経験したことや考えたことを話し，伝え合う喜びを味わう，（3）絵本や物語などに親しみ，言葉に対する感覚を豊かにし，先生や友達と心を通わせる，のほぼ全てが経験できている事例だと考えることができる。（3）の絵本や物語はここには登場していないが，このやりとりの背景には，絵本や物語がこの子どもたちに共有されていたかもしれない。

この時期の内容（1）～（7）を見ると，保育者は，言葉の育ちに応じて，言葉が使えるようにということを着目してしまいがちである。しかし，ねらいを見ると，言葉で言えるかどうかが最も重要なのではなく，言葉を使うことや言葉でやりとりすることを楽しみ，さらに，言葉を使うことで心が通じ合うことが大切である。

より詳細な保育のあり方は，本書第5章を参照してみよう。

（3）0歳の子どもの言葉の育ちを支える保育

すでに述べたように0歳の時期はあえて領域をおかず，3つの視点を定めることで，1歳以降の5領域の育ちの基盤になるように配慮されている。言葉の育ちについては「身近な人と気持ちが通じ合う」の中に，ねらいと内容が示されている。

具体的な保育のあり方については，つぎの第4章に事例を交えて詳しく書かれている。第4章を読むと，応答的な触れ合いや言葉がけによって，欲求が満たされ，安定感をもって過ごす（「内容」の（1）），体の動きや表情，発声，喃語等を優しく受け止めてもらい，保育者とのやりとりを楽しむ（「内容」の（2）），保育者の語りかけ，発声や喃語への応答を通じて，言葉の理解や発語の意欲が育つ（「内容」の（4）），ということが大切にされていることがわかる。外からは，言葉を発する前の時期の子どもに，大人が一方的に言葉を話しかけているように見えるかもしれないが，この内容に示されているように，0歳児なりに，体の動きや表情，視線，発声，喃語等，さらには，泣くということを通して，主体的に他者に働きかける存在となっている。子どもは，温かい人との関係の中で，やりとりする楽しさを感じ取る経験を通して，言葉という人間にとっての宝に出会う。そんな保育を実現していきたいものである。

演習課題

1．この章は，3つの「要領」と「指針」の全体構造と関係しているため繰り返し照合して，必ず自分で説明できるように理解しよう。ねらい及び内容の文言については，説明のため番号のみを記述したり，内容を要約して説明をしている。必ず自分で，元になっている文言を確認しながら，この章を理解しておこう。
2．0歳，1歳から3歳未満，3歳以上，それぞれの時期の子どもの事例（本書の第4～8章にあるものや実習等の記録）を，領域「言葉」と乳児保育の中の「言葉」に関連するねらいや内容と照らし合わせて読み取ってみよう。
3．3歳以上の事例については，「育みたい資質・能力」の3項目と「10の姿」からも，同じ事例について読み取ってみよう。

第4章 0歳児からの言葉の育ちを支える

予習課題

0歳児の大人 ― 子どものコミュニケーションの場面を，親と子どもに分けて記録し，その特徴をまとめてみよう。

1．言葉の前の言葉

子どもは誕生してから意味のある言葉を話すようになるまで，1年間を要する。この1年間は言葉を話す以前の時期であるが，言葉の獲得にとってきわめて重要な時期といえる。なぜなら，子どもたちはこの間に大人（主に養育者）との様々な相互的やりとりを繰り返し，コミュニケーションの土台を形成していくからである。

生まれてすぐの新生児が，「共鳴動作」「相互同期性」など，人とかかわる力をもって誕生することはよく知られている。「共鳴動作」とは，子どもが機嫌のよい時に，親が子どもと目を合わせてゆっくりと口を開閉したり，舌を出し入れすると，子どもは大人のリズムに合わせるように口を開閉したり，舌を出し入れする姿が見られることをいう。「相互同期性」とは，生まれたばかりの子どもは，人の「言葉」や「言葉の間（ま）」に合わせて，それと同調したリズムで身体を動かし応答するが，単なる音の連続などに対しては，そのような応答が見られないことをいう。また，子どもの動作には「激発と停止」のリズムがあり，「サイクルの交換」と呼ばれる。大人は，子どもが非常に活発に動き，突然動作を停止する姿を見ると，その差に驚き，子どもに声をかけざるをえないという。子どもが動作を停めている間に，大人は「どうしたの？」「大丈夫？」などと優しく声をかけたりして，子どもが何らかの反応を返すように求めるのである。

生まれながらの子どもの身体の動きやリズムは，人とかかわる力であり，大人が子どもに向き合うように促し，大人を巻き込む力であるといえる。子どもは社会的動物として生まれ，生まれた時点から，他者との関係をつくり生きていく存在なのである。

子どもたちは，生まれながらにもっている動作や泣きなどを通して，大人に気づいてもらえるように働きかける。一方の大人も，子どもがこれから人間として生きていくための力を育てるために，子どもたちにとって明快でわかりやすい言葉や表情などの非言語で応答しながら，子どものやりとりする力を育てていく。このやりとりは，子どもにとって欲求を満たすことであり，また，やりとりそのものが楽しい行為でもある。

子どもは，泣き，笑い，動作・身振り，喃語などの様々な手段を使って大人とやりとりし，大人は様々な表情や声かけやスキンシップをとりながら，子どもに応え，相互のやりとりが成立するようにお互いに働きかける。子どもは自分の動作・身振りや声に応えてくれる大人がいることで，自己の肯定感を育み，人への信頼感を培っていく。このような0歳期のコミュニケーションの背景があってはじめて，1歳前後の意味ある言葉が出てくる時期に，言葉を介したやりとりが成立するのである。

2．相互応答的なかかわり

言葉の準備期と言われる0歳期に，大人は子どもにどのようにかかわり，子どものコミュニケーションの力を育てているのだろうか。その特徴を考えてみよう。

誕生まもなくから，大人は子どもの関心を集め，子どもの発声や笑顔などの表情を引き出そうとして，マザリーズ（母親語）による声かけ・語りかけを行う。マザリーズとは，子どもの注意を引き出そうとする際，無意識に大人に向けてとは発話パターンが変わり，音全体の高さが上昇し，高低幅のある抑揚のついた発話になることをいう。これは世界のどの文化にも共通して見られるといわれている。

この時期には，おもちゃの音を鳴らして，おもちゃに子どもの視線や気持ちを向けさせて，大人と子どもが同じ関心に向かうように誘ったり，子どもが「アー」「ウーウ」などの音声を発すると，大人がそれをなぞって優しく声を返したりする。

事例４-１　「あー」（子），「あーなの！」（親）

生後３か月のユミが，「あー」と声を出すと，「あー」「あーなの！」と，いつもより一段高い音声で母親が声を返し，続いて笑顔で「そう，うれしいの」と言う。

この時期は，子どもの動作を音声で返し，子どもの表情や感情を代弁するのも特徴である。例えばミルクを飲んでいる赤ちゃんには，「ゴク，ゴク，ゴク。ゴク，ゴクしてるの。おいしいね」，また排泄をしている赤ちゃんに対しては，「シー，シーでたの。いっぱいでたね。気持ちいいね」という言葉がけを行い，擬音語・擬態語などの音声を多用して子どもの動作や状態を表す。そして，多くの場合にその時の赤ちゃんの気持ちを代弁するように「気持ちいいね」「おいしいね」といった言葉を付け加える。子どもの動作を音声で表現し，同時に子どもの気持ちや心情を，大人が自分の気持ちや心情のように言葉にして言い表す言葉がけが多いのである。また「いっぱい飲んだの。えらいね」「シーシーできたね。えらいね」など，子どもをほめる言葉をかけることも多い。

言葉をもたないこの時期のやりとりでは，大人と子どもが同じものを見たり，互いに音声をなぞったり，身体のリズムを感じながらコミュニケーションをとり，それ自体をたっぷりと楽しむ。そして，このやりとりを通して，親しい特定の大人と子どもの間に，情緒的な絆が形成されていく。

子どもは３か月ころには首がすわりはじめ，体型も丸みをおび，人に対してしっかりとした微笑を示すようになる。睡眠もまとまり，一定の時間は起きてまどろむことが多くなる。排泄や授乳などの生理的な欲求が満たされている時には，子どもは遊びのようにして色々な音声を試す。大人は子どもの愛らしい姿にひかれ，かかわり，今まで以上に相互の応答性は高まっていく。生後4か月になると，つかむなどの動作ができるようになり，自分の意志で手足を動かせるようになる。子どもが出す音声も「ぷっぷっぷっ」「ばーばーば」など，複雑な音声を伴う喃語となり，まるで遊びのように色々な音を出すことができるようになる。

3．繰り返しとずらし

大人と子どもが互いに応答的なやりとりを楽しむ遊びでは，同じことを繰り返しながら，大人は時々やりとりを「ずらす」よう工夫してかかわる場合がある。例えば，絵本の読み聞かせをしている場面を考えてみよう。ブックスタート運動（本書第10章参照）の影響もあって，赤ちゃん絵本に多くの関心が寄せられているが，ここでは代表的な赤ちゃん絵本である『いないいないばあ』（松谷みよ子 作　瀬川康男 絵，童心社）を取りあげてみる。絵本『いないいないばあ』は，次々に登場する動物たちと「いないいないばあ」をして遊ぶ絵本である。「いないいないばあ　にゃあにゃがほらほら　いないいない…」「ばあ」といったように，色々な動物たちが登場し，「いないいないばあ」を繰り返す。絵本の読み手は動物の大きさや動物のもつ印象に合わせて，大きな声や小さな声にしたり，声の調子を変える。子どもが次の場面に何が現れるのかを早く見たいという思いをもって，期待しているように見える目を見ながら，「いないーいないー」とゆっくり間（ま）をとったり，「ずらし」たりして，かかわりの工夫をする。色々に変わる読み手の表情や声や間の変化が最大の要因となり，子どもは「きゃっきゃっ」という笑い声をあげて絵本を楽しむ。もちろん「いないいないばあ」は，絵本がなくても，大人と子どもが楽しめる遊びでもある。

0歳期後半になると，座る，這う，立つといったことができるようになり，手をしきりに使って遊ぶようになる。「やりとり遊び」は，この時期に顕著に見られる遊びである。「やりとり遊び」とは，例えばコップを子どもに手渡し「はい，どーぞ」と言うと，子どもは喃語を発しながらコップを相手に返してくる。「ありがとう」と頭を下げて受け取り，今度は大人が「はい，どーぞ」と再び手渡すと，子どもの方もおじぎをしながら受け取るといったやりとりが何度も続く遊びである。

この遊びでは，コップという共通のものを媒介にして大人と子どものやりとりが行われる。単純な遊びではあるが，話し手 — 聞き手 — テーマ（ここではコップ）の「三項関係」が成り立っており，会話の基本形を身体レベルで学習する遊びである。興味深いのは，このやりとりが何度か繰り返されると，大人は，遊びが単調にならないように，必ずといっていいほど色々な間をとったり，渡し方を工夫して応対する。さらに，子どもがこのやりとりに慣れてきたことや，基本形がよくわかってきたことをおそらく無意識に感じながら，手渡し方にバリエーションをもたせるのである。

このような遊びを通して，子どもは多様な間のとり方や変化に対応する応答の仕方を経験していく。大人は「繰り返す」ことで，子どものやりとりをする力が身体レベルで定着するように促すと同時に，時に「ずらし」てかかわることで，新しい形のやりとりやより複雑なやりとりを子どもが経験していくことを支えているともいえる。親しい特定の大人の存在とのこのようなやりとりの経験が土台にあって，子どもはやがて言葉によるコミュニケーションができるようになっていく。

4．指さしと三項関係

子どもが言葉を話すようになる直前には，「指さし」行為が見られる。指さしが行われるのは，親しい大人（主に養育者）と子ども，そして指さされた「もの」との間に「三項関係」が成り立っているからである。共通の「テーマ」（ここでは指さされたもの）を，子どもは指さし行為で示し，大人はそれに対して言葉で応答することで会話が行われる。興味深いのは，指さしの場面では，子どもが主導権を握るように指さし行為をし，それに答える大人の姿がよく見られることである。

事例4-2　「あーあ」（子），「ブーブーね」（親）

11か月のユミが車を指さして「あーあ」と言うと，母親が「ブーブーね」と言う。またユミが車を指さして，「あーあ」と言うと，「ブーブーね。ユミちゃんの大好きな赤いブーブーね」と言う。子どもが指さしたものを，親が言葉で返し，まるで会話をしているようである。

子どもは自分が指したものを大人が答えるということを何度も何度も繰り返しながら，自分の指さしが，言葉で返される行為であることを確認するとともに，それによって，周りの人が応答してくれるということを経験することで，有能感を育む。

5.一語発話の時期

意味のある言葉が出始める時期の子どもの姿を見てみよう。

事例4-3　弾む心や身体から生まれる「言葉」　1歳3か月児

手押し車を押しながら，アユムは「ぎゃっ　ぎゃっ　ぎゃっ　ぎゃっ」と移動する。自分の身体を動かせることとそれに合わせて声を出すことが楽しいらしく，手押し車を押して不安定ながら勢いつけて「ぎゃっ　ぎゃっ　ぎゃっ　ぎゃっ」と移動する。手押し車の速度が速くなると「ぎゃっぎゃっぎゃっぎゃっぎゃっぎゃっ」，その速度に合わせて「ぎゃっ」も速くなり，速度が遅くなると「ぎゃっー　ぎゃっー　ぎゃっー」というように少しゆっくりとしたテンポになる。

事例4-4　言葉があふれだす　1歳3か月児

ユウトは「ぶぁぶぁぶぁぶぁぶぁぶぁぶぁ」とにかくいっぱい話す。言葉としては聞き取れず，むしろ音のように聞こえるが，伝えたいことがあふれるようにあることはわかる。母親はゆっくりと「そうなの。そうだよね」と軽く返事をする。言葉で何かを伝えたい時期の子どもの姿である。

事例4-5　言葉のイントネーションをまねて「ぱー（つ）」1歳4か月児

レールの上に小さい電車をたくさんつないで遊んでいるノブオ（5歳2か月）は，「出発進行。信号停車です」など駅員の言葉を正確に覚えていて，場面の状況に合わせて発話している。そのそばにいた1歳4か月の妹マコが，兄が「しゅっぱーつ」と言うと同時に手をあげて「ぱー（つ）」と言う。兄の言葉のイントネーションをまねながら，上手に「ぱー（つ）」と言う。

歩行ができるようになると，身体を自由に移動することができ，そのことがうれしく，心が弾み，言葉があふれ出す子どもの姿が見られる。子どもは周りの言葉を取り入れ，言葉を使って自分の思いを伝えようとするのである。ただし，子どもは，事例に見られるように周りの言葉を単に模倣しているのではない点には十分注目したい。1歳期の子どもの言葉を見ていると，言葉をそのまま模倣して話すというよりも，周りの人の言葉を取り入れながら，自らが選んだ言葉を使う姿が見られる。そして手持ちの少ない数語の言葉を使って，自ら主導権を握り発話をする。話しかけられる数々の言葉の意味はよく理解できているが，発話においては，手持ちの限られた言葉を自分なりに解釈し，積極的に使うのである。

発達心理学者の岡本夏木は，子どもの言葉の発達の過程を「『ニャンニャン』の記号化過程」（p.18表2-3を参照）にまとめている。一語発話の時期に，子どもは自分なりに解釈した手持ちの限られた言葉を使う時期があり，この時期，大人は，語彙が増えず言葉の獲得が遅いと感じられるかもしれないが，子どもは自分なりに意味づけて言葉を主体的に使っているのであり，この経験が，安定した形での言葉の獲得を促すことを指摘している。

言葉は自分を表現する最も重要な手段である。子どもが言葉を獲得し，言葉を使うことは，相手に何かを伝えたい欲求と，身振り・手振りなど色々な手段等を用いてそれを相手に伝えようとする意欲が育つことが必要である。言葉がでる前の時期は，安心できる関係の下で身近な人とともに過ごす喜びを感じ，やりとりを楽しみ，自分の感情を表しそれを相手が応答してくれる言葉を聞くことを通して，コミュニケーションの土台を形成するきわめて重要な時期である。そして一語発話の時期に見られるように手持ちの数語を自分のペースでたっぷりと使う時期を経験することで，やがて，2歳前後から語彙の獲得が急激に進み，ごく身近な他者とのかかわりだけではなく，多くの人と言葉を使ってかかわりを広げていく。

6．発話を促す大人のかかわり

言葉が出始める時期の大人と子どものかかわりを見てみよう。

この時期，「アンヨ」「クック」などと大人はあえて子どもにわかりやすく，子どもが自分の言葉として獲得しやすいように育児語を使って話しかける場合がある。大人は子どもの言語水準はどのようなものであるかを把握し，そこに近い水準で，対等の関係をつくりながら，動作や言葉で応答する。そして，子どもからフィードバックされる情報を手がかりに自分の発話の形を調整する。例えば，「ブーブー」を使い始めた子どもの言葉に寄り添い，「ブーブーきたね」「○○ちゃんの大好きなブーブーに乗ろうね」と反復して，子どもの言葉の定着を図るのである。

しかし，単に子どもと同じ水準に立つだけならば，子どもをその水準に閉じ込めることになる。そこで，時には「そうブーブーね，車が走ってるね」など，長い文章にして繰り返したり，一般に伝わる「車」という言葉への橋渡しをするような言葉がけの工夫が行われる。

言葉が出始めたこの時期は，大人は子どもの「今」に寄り添いながら，子どもの言葉に対する主体性を認めつつ，また一方で子どもの言葉を広げ，次の段階へと導くようかかわり，子どもとの対話を通して言葉を育てているのである。

まとめの課題

1．大人が子どもに話しかける際に使う育児語にはどのようものがあるかを調べてみよう。
2．赤ちゃん絵本を何冊が取りあげ，絵や色や言葉などの特徴についてまとめてみよう。

参考文献

1）岡本夏木：子どもとことば，岩波書店，1982.
2）岡本夏木：幼児期—子どもは世界をどうつかむか—，岩波書店，2005.
3）やまだようこ：ことばの前のことば，新曜社，1987.

第5章 1歳から3歳未満児の言葉の育ちを支える

予習課題

1．面白いなと心ひかれた子どもの言葉を書き留めるようにし，どこが面白かったのか考えてみよう。それらは分類が可能だろうか，試みよう。
2．保育所保育指針と，幼保連携型認定こども園教育・保育要領の解説第2章1歳以上3歳未満児の保育に関わるねらい及び内容，領域「言葉」をよく読んでみよう。

1．1歳から3歳未満児の言葉の実際

満1歳のころから，徐々にその生活の文脈の中で言葉らしきものを発するようになる。その特徴は，ある内容を伝達する音声や単語（とおぼしきもの）ひとつで，様々な気持ちがこめられ，二語以上が組み合わさった“文”で示す意図と同等のものを伝える機能をもつ。この時期の子どもの言葉が一語文*（one-word-sentense/Stern, W.）[1]と呼ばれるゆえんである。

それは，園生活においてはどんな姿であり，この時期の子どもの保育として大切なことは何か，かかわる大人には何が必要かを考えてみよう。

*厳密には文と同等ではないという意味で，一語発話ともいう。村田孝次は，「形式の上では語で構成されるので「一語文」と呼ばれるが，正しくは「一語発話」と呼ぶべきであろう（「文」は語が幾つか組み合わされた構造に対して用いられるべきである）」[2]と主張している。

（1）言葉の誕生

事例5-1　おやつ　11か月児

テーブルと椅子が一体になった中で，先ほどから四肢を動かして「アッ」「ウッ」などいろいろな声を発している。活動的で機嫌がよい。保育者はおやつの準備をしながら時折，「おやつねー」と声をかけてその声に応じている。保育者がおやつの動物ビスケットを入れた皿を目の前に置くと，「アゥッ」とひと際大きな声で両手を動かし，保育者を見る。保育者も「クマさんだね，オイチオイチ」と目と言葉で応じながら，ほかの子にも配る。食べはじめても，何度も「アゥッ」と言ってから口に運ぶ。そばにいる保育者がその度に何種類かあるビスケットの動物を「○さんだねー。オイチオイチ」と言う。オイチオイチのところで，人さし指をほほに当てクルクル回すと，まだうまくはできないが自分でもまねをするように腕を動かす。

子どもは，たとえ一語であっても，いきなり私たちが使っているような言葉を話すようになるわけではない。それ以前にも，子どもなりに色々な言葉を話している（音声を発している）。事例5-1で最初に子どもが発していた「アッ」「ウッ」（下線部）という音声と「アゥッ」（点線部）が同じことを伝えようとしているのか違うのかは正確にはわからない。前者は，「おやつねー」と返している保育者が捉えているように，「ワーイ，おやつだ！　うれしいな！」と言っているのかもしれない。しかし，活発に身体を動かしたくて，その動きに伴って声を出している（声が出ている）と見ることもでき，そばにいる者が「元気いいねー」と声をかける可能性もある。とっさに何とも解釈しがたくて，ひとまず顔を向けて目や表情で応じたり，子どもの発声をまねて返すかもしれない。

この時期の子どもの言葉は，受け取る際にいくつかの可能性を含んでいる。厳密には言語表現とはいえないが，周囲の大人がこうして言語表現としてくみ取り応答することで，子どもの言語活動が発達する。

（2）一語の多様性

事例5-2　「ワンワン」　1歳4か月児

入所して3か月が過ぎたが，毎朝，母とすんなり別れることができない。出勤間際に泣かれると置いていかねばならない母親もつらいし，子どもも気が紛れるのではないかと，保育者は子どもを抱きかかえて，園庭のいろいろな所に行ってみた。ウサギ小屋やニワトリ，近所のイヌなどを見せて落ち着くのを待つ。イヌの所では「ほら，ワンワンよー」「ワンワン！」などと，子どもの体に弾みをつけるようにイヌの方に向けて言うことを繰り返すと，泣きながらも①「ワンワン」と言っていたが，このごろでは，母親が出かけ，ぐずっていても自分から②「ワンワン」と言う。連れていくと，指さして③「ワンワン」と言い，そのころには別れのつらさも薄らいでいる。室内でノンタンシリーズの絵本を読んであげている時でも，指さして④「ワンワン」と言う。保育者はゆっくりと「これは，ノンタン。ネコさんですよー。ネ・コ」と言いながら，「ニャオ～ン」と子どもの体を揺らすと子どももうれしそうに笑う。

この事例には，子どもが「ワンワン」と言う4つの場面がある。①では，保育者の言葉を「ワンワン」とまねて返していたが，子ども自身が，イヌに興味をもつようになって自ら催促している②では，「ワンワン（イヌ）の所へ行く」「ワンワン（イヌ）を見たい」という意思を伝えていると考えられる。また，母親との別れのつらさを，これでならもちこたえられると，幼いながら感覚的に思っていて，「早く，ワンワンの所へ行こうよ」と気を紛らわせて自らを支えているのかもしれない。③では「ワンワンだ！」「ワンワンがいたね！」とイヌとの再会の喜びを表したり，保育者に伝えようとしているのだろう。室内に場が変わった④では，「ここにもワンワンがいるよ」という意味合いであろう。イントネーションによっては「これもワンワンなの？」と尋ねていることもあるかもしれない。また，その日の，あるいはある時の印象深いイヌの様子を思い起こして伝えようとしているのかもしれない。言葉としては「ワンワン」一語だが，それぞれの場面で子どもが表現していること，伝えたい内容は異なっている。

（3）生活経験を生かして

事例5-3　ヨイショドッコイショ　2歳児　9月

帰りの会の少し前，3歳以上児をホールに集め，保育者は綱引き用の綱を出す。3週間後に開催される運動会を意識して提案した活動であろう。3，4歳児対5歳児などの綱引きをやるため，子どもたちはやる気満々でスタンバイをする。未満児クラスも担任と観戦にやってきた。

この動きの少し前，「読んで」と絵本を持って私の所へやってきたミサキ（3歳1か月児）は，すぐ目の前でやる気満々で盛り上がっている3歳以上児の姿に思わず顔をあげ，「ヨイショドッコイショ」と言う。

ミサキが「ヨイショドッコイショ」と言った時は，まだ対決開始前で，だれも「ヨイショヨイショ」などの掛け声はあげていなかった。園で綱引きをするのも，今年度は，今日が初めてだという。ミサキは1か月ほど前，満3歳の誕生日を迎えた。昨年，1歳児として入園し運動会も体験した。しかし，この園では，1歳児は保護者と共に無理なく参加する種目がひとつあるくらいで，後は参観や，いられる時間だけいて雰囲気に触れるくらいである。ミサキは年長児の兄がいたので最後まで園庭で見ていたそうだが，年齢的にも内容的にもそれほど記憶に残るとも思えない。最近，地区の運動会があり，綱引きも競技種目にあった。母親の話では，父親と共にその練習を見に出かけることがあったそうで，そうしたことから「ヨイショドッコイショ」と表現したものと思われた。

出くわした新しい事態を，溜め込まれた生活経験で推測し言葉で表現している。使うのは一語が主でも理解能力は高い。大人と同様にはしゃべれないので，傍目にはただじっと見ているだけにしか見えなくても，生活経験の蓄積は，目の前の出来事を捉え，的確に表す語彙を広げていく。

（4）質問期（命名期）

事例5-4　これは？　2歳児

道路工事の本を持ってくる。頁をめくるたびにダンプカー，クレーン車，ショベルカー，ロードローラーなど作業用大型車が出てくる。読んでいると，脇から必ず「コエハ（これは）？」と一つ一つ確認して答えさせる。「クェンチャ（クレーン車）」「ドードーラー（ロードローラー）」などと，言いにくい語も口まねして言うこともある。場合によっては，園舎の脇にある農協の駐車場を指さして「あっこ，▲×○…」と言う。この駐車場には時折，ダンプカーなど大型車が止まっていることがある。「あっこ（あそこ）…」と指さして，そこで見たのと同じだということを言いたいらしい。

1歳も半ばを過ぎ，言葉を使えるようになると「これは？」「これ，なあに？」と身近な大人に何度も聞くという姿を見せる。発達的には質問期（命名期）と呼ばれ，これは，子どもが自分の身の回りのものには全て名前があるということに気づくからである。それは象徴機能の確立を示す。ついさっき答えたばかりなのにまた同じものについて聞くなど，尋ねられる大人には，しつこいと感じられることもある。しかし，面倒がらずに繰り返し答えてあげることで，言葉と対象物の理解は確かなものになっていく。何よりその問いを受け止め，向き合ってくれる大人への信頼も深まる。もちろん，語彙数も増える。最も語彙数の増えるこの時期は，かかわる大人が発達的意味をよく理解してかかわることが大切である。また，事例のように，実際の生活経験と絵本を関連づけて見ることができ，そこでの発見をそばにいる大人に知らせる意欲があり，その術（すべ）も知っている。

（5）模倣の繰り返しと獲得と

事例5-5　新たな言葉の獲得　1歳児

3歳以上児が天気のよい戸外へ出て，だれもいなくなったホールに様々な色，大きさ，硬さのボールを出して2歳児クラスが遊びだした。私がステージに腰を下ろして見ていると，スミレ（2歳3か月）がボールを持ってくるのでやりとりして遊ぶ。
「スミレちゃん，いいですか。いきますよ。はい」と一語一語をリズミカルに切って言いながら，ボールを20センチほど，そおっと投げるようにする。スミレは顔と両手と胸を駆使して受け取る。何度かするといつの間にかスミレも，一語一語，体，特に膝でリズムをとって「ィ・・・▲○×〜〜〜スカ！　ハイ！」と受け取ったり，自分が投げる時にもいつの間にか「ィ・・・▲○×〜〜〜スカ！　ハイ！」と言ってから投げる。
ボールが柔らかすぎると，距離が近すぎるためかえって顔で跳ね返る。そういう時は，私が「あーっ，ざんねーん！！」と上体を後ろにそらし気味にして少し大げさな口調で言うと，その度に笑って，近くに転がっているボールを取りにいっては繰り返していたが，めったにないことながらたまたま私が取り損ねると「▽●◎・・ネーン！」とまねて言う。

4人きょうだいの末っ子で，母親によると，家では小学生の兄や姉と「いくよー」と言ってボールの投げっこをするとのことである。「いいですか」や「いきますよ」は，小学生が家庭できょうだいとかかわる際には使わない耳慣れない言葉だったと思う。しかし，ボール投げを繰り返す中で，口まねをし，また聞き，口まねをすることを繰り返してその言葉を獲得していく。まだ正確には言えないが，徐々に音が近くなり，最初は一度聞いてからまねていたものが，やがて自分の方からそれとおぼしき音を出す。それまでにそれほど時を要しない。

保育者は，「家庭にきょうだいが多い割には，話し始めるのは他の子より遅いくらいだったが，ひとたびしゃべり出すとどんどん言葉を獲得していっている」と話す。言葉の獲得は一定して漸増するというより，しゃべらなくても溜め込まれていて，急に増えるなど緩急がある。生後10〜11か月になると，話しが言語的な形式をとり，音声を通じて特殊な内容の伝達ができるようになるが，その後，語彙はほとんど増えない。1歳半ころ，「物にはすべて名前がある」とわかると，急に増えると言われる[2)]。

2．言葉が育まれるために

外国語を習得する際に語学学校に行く人は多いだろう。何年通ってもなかなか使いこなせるように上達しないと思っている人もいることだろう。しかし，乳児は，生後約1年もたつと，一語文，二語文，三語文，多語文と，日常のコミュニケーションに必要な言葉を短期間に習得していく。語学学校で日本語を習得したわけではない。私たちは，日本語をどこでどのように習得してきたのだろうか。私たちの感覚としては，日本に生まれたので，いつの間にか，自然に日本語を話していたというものだが，実はそうではない。言葉が育まれるのに必要なことは何かを考えてみよう。

（1）伝えたい相手のいる暮らし

前節の事例で，子どもが言葉を向ける相手は，多くの場合，最も身近な大人である。園では保育者だけでなく，栄養士，調理員，管理員（用務員）など様々な職種の人が働いている。保育者でも離れた所に位置するクラスの担任で，あまりかかわる機会がなくなじみがないと，思いを伝えるどころか泣きだされてしまうこともある。まだ幼いからわからないのではなく，幼いゆえに自分にとって一番身近にいて，信頼できる人を感覚でかぎ分けている。そして，そういう人に向けて，今，自分が感じていることを伝えようとする。言葉が獲得されるには，伝えたい相手がいる必要がある。事例5-4の指さして人に知らせる姿に見るように，その相手と愛着の絆で結ばれていることが大切である。言葉が生まれるには，身近に，まねるに足る大好きな人が必要である。

（2）伝えたいことのある暮らし

ビスケットが出てきたり，それに色々な動物が描かれていたり（事例5-1），思ったとおりイヌに会えたり（事例5-2），普段目にすることのない綱引き（事例5-3）など，生活の中に，心を動かされる出来事があるということも必要である。子どもが興味をもてる，適度に変化に富むメリハリのある園生活を実現していく必要がある。

よく，２歳の誕生日を過ぎても言葉が出ないと，言葉で問いかけて答えさせることで言葉の発達を促そうとするようなかかわりを目にするが，それ以前に，その子にとって伝えたいことのある園生活になっているか，自分が伝えたい相手になっているかの点検が大切である。

（3）自分の気持ちを表現しようとする意欲

事例5-6　ガンバレを使ってみると　2歳児　9月

この２週間ほど，園では運動会を意識して少しずつ競技種目を準備するような活動をしている。３歳未満児は，それに取り組む３歳以上児を応援して過ごすことが多い。保育者が「ガンバレー」と言うと，リュウ（1歳9か月）は「バイエー，バイエー」と言う。

「その辺に走っている人を見て，『バンガレー，バンガレー』と応援してました」と，登園時にハルコ（2歳6か月）の母親は話していたそうで，その話を聞いて保育者は「やっぱり『バンガレー』の方が言いやすいのね」と言う。

幼稚園教育要領，保育所保育指針，幼保連携型認定こども園教育・保育要領の〈言葉の獲得に関する領域「言葉」〉の項には，「経験したことや考えたことなどを自分なりの言葉で表現し，相手の話す言葉を聞こうとする意欲や態度を育て，言葉に対する感覚や言葉で表現する力を養う」とある。言葉を正しく表現することを求める必要はない。事例5-6の２人，言葉は正確でなくても，使用場面はマッチしている。適切な状況理解とそれに見合う言葉の使用が可能であることを示すものである。

伝えたい人がいて伝えたいことがあると，子どもは意欲をもってそれを表す。言葉の源は意欲である。自分の感じたこと，思ったことを言葉で伝えようとする意欲は，それがまだ，私たちと同様の言葉ではなくて，その意図するところがわからなかったとしても，他者を自分へとひきつけ，多くの場合，その人と気持ちをつないでいく。そして，気持ちのつながった他者の言葉をまねる中で，言葉が獲得され，少しずつ意思疎通が図られる。その過程にある，他者と気持ちが通い合い，思いを共有する喜びは，言葉の獲得に対するさらなる意欲につながるものである。

(4) くみ取る・受け止める人の役割

事例5-7　「こうやって…」　0・1・2歳児クラス　5月

昼食の準備をしている間，保育者が『赤頭巾ちゃん』の大型紙芝居を読む。読み終わって，2歳児が「こうやって…」と腕を振り上げる。とっさのことで，保育者は，狩人がオオカミをやっつけたシーンの紙芝居を取り出して，「オオカミさん死んじゃったね」と応じるが，「うーん」と倒れるところやオオカミがやっつけられるところで村人が棒を振り回したシーンを身振りで再現して，やっつけた（よかった）ということを表現していると思われる。

事例5-8　「シャバ」　2歳児　9月

お昼寝前，絵本を広げて見ていたミチオ（3歳1か月）は，私に絵本を差しだして，「シャバ」と言う。見ると，ダンプカーから砂がまかれる絵が見開き両ページにわたって描かれている。何を言いたいのかわからず，「えっ？　もう1回言って」と何度聞き返しても「シャバ」としか聞こえない。

隣の部屋で食事の食べ散らかしをかき集めながらこの会話を耳にした保育者が，「『砂場』って言ってるんじゃないの？　今日，午前中，砂場で遊んだから…」と言う。そう言われて私にも，ミチオとコウヤが砂場でトラックに砂を入れて走らせ，「ブー，ガッチャーン」などと正面衝突させて楽しんでいた光景が思い出された。

事例5-9　ブランコから落ちちゃった！　2歳児　10月

「スミコちゃん，○さん（担任A）にお話してあげた？」と担任Bが言う。その少し前，スミコは○さんのもとに飛んできて指を立てて「ココ・・・」と○さんに何か言ったそうだ。あらためて○さんは，「スミコちゃん，どうしたの？」と聞く。スミコ「○×△・・・」。担任Bは，「さっきブランコに乗っていてねー」「ここをねー」「ごろんとおっこってねー」「イテテしたのねー」と背後からスミコの片言のペースに合わせて言葉を添えてあげる。スミコは負傷した指を立てて，その言葉にうなずいたり，ブランコの方を指さす。

子どもは一語で様々な意思や状況を伝えようとするので，保育者はとっさのことであっても，その時どきの子どもの表情や身振り，その時やその前後の状況，日ごろの様子，家庭からの情報などを総合して子どもの意図することをくみ取り，受け止めていくことになる。事例5－2や5－8のように，その子の生活に密接な保育者は，たとえ子どもの言葉が不十分でも，その伝えたいところをくみ取り，文にして返していくようなかかわりが大切である。また，事例5－9のように言葉を添えてあげることも，生活経験に即して言葉が広がっていく機会になる。こうしたことにより，「ワンワン　イタ」「パパ　カイチャ」など，二語文が生まれる素地がつくられていく。二語文は（p.16表2－2参照），名詞と名詞，主語と述語，主語と形容詞・副詞（「マンマ　オイチ（イッパイ）」などからなるため，子どもが伝えようとすることがくみ取りやすいが，一語文は単語ひとつのため，事例5－7や5－8のように食い違いも起こりやすい。

しかし，伝えたいことを受け止め（ようとし）てくれる大人の存在は，ますますその人を好きになるとか，自分の気持ちをわかってくれる（わかろうとしてくれる）人として信頼するようになるなど信頼関係の絆を強くする。そしてまた，その人の話す言葉に耳を傾け，まねて言ってみるようになる。子どもに愛情のある人なら，さらにくみ取りながら言葉をかけるかもしれない。この循環関係の中で，言葉は広がりをもちつつ，獲得される。

（5）言葉や文字を使用した保育材

乳幼児向けにつくられた絵本，物語，紙芝居や（手）遊び歌などで扱う題材，そこに登場する人や物や言い回し，（手）遊び歌の動きなどは子どもにとって魅力的である。言葉はまだ出ていなくても，くいいるように真剣に絵本や紙芝居などを見ている姿は，一片の絵と保育者の語りを手がかりに，頭の中でいろいろなことを想像していることをうかがわせる。

事例5－4，7，8のように，1枚の絵から様々な生活経験を呼び起こしたり，生活の中で印象的なもの，好きなものの出ている絵本をお気に入りの1冊にして，繰り返し読んでもらいながら，ものと言葉，場面や状況と言葉を結びつけながら獲得していく。

また，事例5-7の大型紙芝居は，オオカミの口が大きく開くところなど，迫力があって≪食べられちゃう！≫という思いをかき立てたように，園では，絵本，紙芝居，ペープサート，エプロンシアターやパネルシアターなど様々なものを使うこともでき，すでに知っているストーリーも大きさや質感，媒体によって新鮮に感じられる。

一語文などを話し始めるようになると，それぞれお気に入りの絵本があり，大人に読んでもらいたがる。紙芝居を読むような対面式で絵本や紙芝居を読むにしても，保育者の膝に抱かれたり，その両脇に腰を下ろして読んでもらうにしても，たとえ一対一でなくても，乳児の場合，小グループでそのひと時を共有することになる。例えば，オオカミに食べられそうになる場面では，《大変だ！》と，場を同じくする同年代の他者と見合ったり，だれかが「メッー！」と声をあげたことをきっかけに，みんなで「メッー！」と言うなど，仲間意識はまだなくても，こうした同調的なかかわりによって，やがて仲間関係が培われていく土台になる。また，そこはかとなくでもその作品の世界が共有できていると，保育者が子ヤギをだまそうと「トントントントン，開けておくれ」（オオカミと七匹の子ヤギ）と言うと「メッー！」と言うなど，やりとり遊びが生まれ，「（追ってきて）いいよー」と追いかけてもらって喜ぶなど，お話の中にあるエッセンスを取り出して楽しむことも生まれる。こうして楽しく遊んだ体験は，保育者や仲間との関係をつくっていき，また関係が密な他者の言葉をまねていく，さらに，言葉を共有してまた親しみが増すなど，集団で読み聞かせてもらうことは，一対一で読み聞かせてもらうのとはまた違った形で子どものイメージを豊かにし，楽しさをもたらす。

3. 人とのかかわりと言葉

事例5-10 「メッ」 1歳児 9月

カシャッとカメラの音がして，シュウ（1歳8か月）は「みせて」と私のデジカメをのぞきにきた。「ほら，シュウくんどこにいるかな」などと，画面を見せると指さす。シンも「みせて」と言ってきたので，見せようとすると，その度に「メッ」と言ったり，「シュウ」と言う。シュウが満足した後，私はそれをシンに見せた。それから，シンに後ろを向けて立ち上がるやいなや，ゴン！と音がして，振り向くとシンは床に仰向けに倒れて泣き叫んでいた。シュウはシンに「メッ」と言い，隣の部屋へ行って外を見ていた。

事情のわかった保育者は「シュウくーん，ちょっと来てー」と呼び，やってきたシュウに「シュウくん，シンくんイテテだって。ドンしないでね」と言う。シュウは意味がわかるのかわからないのか，ただ立っている。そして，またすぐ隣の部屋に行ってしまう。

シュウの言葉（下線）と突き飛ばすという行為は，全く悪気がないことは言うまでもない。「僕のだからだめだよ」ということだったのだろう。1歳児の自分の気持ちを表現する意欲は，当然のことながらまだまだ自分本位で，時にこのようにトラブルを引き起こす。

人間は人とかかわって生きていく存在であり，そのためにも言葉は必要である。言葉は自分の気持ちの表現だけでなく，人の中にあって，自らの気持ちを他者に伝え，相互にコミュニケーションすることができる双方向的なものとなるには，事例のような子ども同士のかかわりと保育者による様々な援助が必要となる。ここで，保育者が，まだ1歳児はこのようについ手が出てしまうことはよくあると捉えていてもそのままにせず，悪びれず行ってしまったシュウを呼び寄せ，シンの状態を伝えるのは，いずれ，共に生活する他者の気持ちがわかり，思いやれるように育ってほしいことを願ってのことである。

園生活は集団生活であり，一方的に自分の意思を伝え，くみ取ってもらうだけでなく，時に，こうしたいざこざを経ながら，自らも言葉を使って他者と気持ちを通わせ，園生活がスムーズに運ぶためのやり方や言葉も獲得し，言葉でかかわるようになる。それは，より人間らしい育ちである。

4．社会的なルールとしての言葉

（1）「かして」

事例5-11　おまじないの言葉　2歳6か月児　9月

　帰りの会が終わり，保護者の迎えを待つ間，保育者がレゴブロックのかごを出す。4人くらいの子どもたちがかごを囲んで，思い思いのものをつくろうとするかのように凹凸部分をはめだす。かごの中には相当量のものがあるのだが，取り合いになり，ハナは他児のものを横からぱっと取る。取られた子どもが泣きだした。同じ部屋にいて事情がわかっている担任が「ハナちゃん，『貸して』って言うんだよ」と言うと，ハナは「かして」と言いながら凹凸をはめる。

「2歳児でももう『かして』って言えるのね」と私が驚いていると，担任は「ハナちゃんのおまじないの言葉かな」と言い，以下のように言葉を継いだ。〈ハナは，もうたくさんの言葉をしゃべる。『かして』という言葉も言えるが，意味がわかっているかどうかはよくわからない。トラブルの度に保育者に言われていて，ひとまず，言うことができる。呪文のように唱えているだけかもしれない〉。この呪文の言葉を唱えると思いを満たせる，それが今のハナにとっての「かして」なのだということらしい。

　園生活には子どもに魅力的なものが多いが，人数分それがあるとは限らない。また，同じものが数あっても，人が使っているからこそ魅力的に見えるということもある。共同生活である以上，一緒に使ったり，自分の番を待つなど，自分の欲求のコントロールと工夫が必要である。それは，「かして」という言葉を使えるようになればいいという簡単なものではない。自分にそれを使いたい気持ちがあるように，他者にも同様な思いがあることに触れたり，それを理解しながら，貸してほしい自分の気持ちを伝えたりする，貸してもらえてうれしく貸してくれた相手に好意を抱く，貸してあげて誇らしかったり心地よい気持ちになるなど，他者とかかわって様々な気持ちを体験しつつ，幼児期全体を通して目指していくねらいである。

事例５-11で，保育者が，「かして」と言えるハナの言葉を，決して手放しで喜ばず，おまじないとか呪文と表現するのは，この一番大切な気持ちの育ちが，まだその端緒にすらついていないと思うからだろう。

「かして」と言うと「いいよ」と言われ，楽しく過ごしたり，「だめー！」という拒否にあい，悲しい思いをして，貸してもらえてうれしい気持ちも際立って感じられる。それは，やがて，他者の「かして」という要求に，自分なりの思いと判断で貸してあげられる態度を育てていく。

（2）「入れて」

事例5-12　2歳児クラス

扉のない押入れ下のスペースに入った２歳児３人が，お皿やお椀に積木や食べ物をかたどったプラスチック製の野菜などの玩具を入れて，押入れ外部分にいる担任Ａに差し出しては，保育者が食べるまねをして，「ああおいしかった。今度は～が食べたいな」などとやりとりをしている。

そこへ登園したばかりの２歳児アキがトコトコ入っていきかけたが，ドンと押し返されてしまう。アキは泣きながら，その時，室内でロッカーの衣類を整えていたもう１人の担任Ｂの懐に飛んでいった。だいたいの様子を視野に入れていた担任は，「先生と一緒に行ってみようか」とアキの手を取り，「トントントン（とノックするしぐさ），入れて」「およばれしにきました」と言う。担任Ａが，「あら，もうお客様がいらっしゃったわ」と立ち上がり，ドアを開けるまねをして招き入れる。押入れ下の３人は，担任２人とアキの３人にごちそうを振舞うのに大忙しとなる。

園生活では魅力的な遊びが繰り広げられる。特に何人かが集まっていると自分も中に入りたくなる。また，だれかが保育者の膝に納まっていると，急にうらやましくなり自分も…と思う。突然分け入っていくと，トラブルになる。こういう時，「入れて」と言うと，その遊びの中に入れてもらえるということがある。しかし，「入れて」と言っても「だめー」と言われることもある。言葉の意味がわかるかどうかはともかく，拒否の姿勢や雰囲気は伝わって泣きだしてしまうことも多い。また，「入れて」と言われたらどうしても「いいよ」と言わなければならない，ということを園生活のルールにして振りかざしてしまうのでは，本当に仲間に入りたい他者の思いに気づいたり，今，入られるとこれまでの楽しさが壊れてしまうので困るという，その遊びへの思い入れをその年齢なりに確認したり，仲間に入れる工夫をする機会を奪うことにもなる。

集団生活における仲間入りの問題は，人とかかわって生きざるを得ない人間にとって，育ちの場であるだけに保育者としてのかかわりは難しい。ここでは，２歳児たちはまだ，「入れて」「いいよ」というような言葉を使えない。保育者にもその要求はない。ただ，少しずつこうした交渉の仕方のあることを知ってほしいと願って，かかわりのモデルを示している。その結果，保育者の手を借りてアキを仲間に入れて過ごすことができた。こうした経験は，また他者を受け入れる機会を開くかもしれない。しかし，本当にこのかかわりでよかったかどうかは，この時期の仲間入りをどう考えるかによって異なる。

子どもは身体を囲まれるが全く閉じてしまわずに，ある面から開放的に外部につながる押入れのような空間を好む。しかし，こういう空間を子どもの遊び場として確保している家庭は皆無であろう。半ば閉じられた空間はそこにいる人間を結びつける。それゆえ，アキにはその場が余計魅力的に感じられたのではないだろうか。かたや，最初からそこにいた３人は，自分たちの場所にアキを入れたくなかったと思われる。

さらに，このクラスの２人の担任は，特に自分がこの子の担当というほどはっきり区別していたわけではないが，家庭への連絡帳を書く子どもを決めていて，朝の受け入れや保護者との対応など，連絡帳分担の子どもが主になりやすかった。子どもも自分の（担当の）先生はこの人と認知しているようなところが見受けられた。実際，この場にいた３人はＡ保育者が，アキはＢ保育者が連絡帳を担当していた。アキが仲間に入れてもらえなかった時，飛んで行ったのが，すぐそばのA保育者ではなく，B保育者の所だったのは，この分担のありように起因していると思われる。

また，こうした時に，つらい気持ちを受け止め，活路を見出して楽しい時をもたらしてくれる保育者との気持ちもつながっていく。

5．保育文化財の中にある言葉

（1）絵　　本

事例5-13　絵本を楽しむ　1・2歳児クラス

午睡前，担任が絵本を出すと子どもたちが自然に集まってくる。保育者が「そうっとたまごをこんこんこん」と読み，続く「でておいで」のところは見ている子どもたちも一緒に呼ぶ[3)]。

もう1冊は，「おつきさま　こんばんは」という頁と最後の「こんばんは」はおじぎしながら保育者の語りに「こんばんは」と返す子どもたちである[4)]。

これらの絵本は，このクラスの子どもたちがとてもお気に入りである。前者は，「でておいで」という呼びかけが面白いようだし，後者は，向かって右手に文字，左手に絵がある構成で，シンプルでわかりやすい。絵本の始めと終わりにお月さまとあいさつを交わすことも楽しい。2歳児で文字は読めないが，何度も読んでもらって，絵でストーリーがだいたいわかるようである。個人の理解度はもちろん違うだろうが，クラスとしてだいたいわかっている。特に後者の最初と最後は話がひときわシンプルで「こんばんは」と口調をそろえる。このように，日々，仲間と共有している言葉は，その言葉を使いながらそこはかとないクラス意識や仲間関係をつないでいく。口調がそろう瞬間は，気持ちが合ってそろう時でもある。

(2) 手　遊　び

事例5-14　帰りの会　1・2歳児

2歳児クラスの床に赤いテープで汽車がかいてある。保育者が,「さあ, 帰るから汽車に乗るよー」と言うと, 集まってくる。細長い枠の中に, 子どもの人数分の小さな四角（シート）があり, そこに座るとまっすぐに並ぶことになる。保育者が「じゃ, さよならしようかなー」と, ♪さよなら三角また来て四角♪　と歌うと思い思いに手を動かす子もいる。「先生, さようなら」「みなさん, さようなら」をするよう保育者が動くと, 保育者をまねてちょこんと頭を下げる子どももいる。

保育現場では, 事例5-14の帰りの会のようなちょっとした集まりや活動の始めに, 気持ちを向けて静かに話を聞ける状態になってほしくて手遊びや指遊びをする保育者の姿によく出会う。一方, 手遊びで静かにさせようとする生活をしていると, それをしないと静かにしないようになってしまう。それではおかしいからと, 手遊びや指遊びをあえてせず,「お話するから静かにしてね」などと, その都度, 言葉で自分の要求を伝えることを繰り返すという保育者もいて, 傾聴に値する考え方である。

しかし, こうしたもので, 子どもと楽しいひとときを過ごせるということも事実である。ここでは, 子どもが「さようなら」と言えるわけではないし, それが私たちの社会のあいさつの言葉であることもわからないだろう。けれども, 保育者の歌う楽しいメロディと動きにつられて, その動きをじっと見つめたり, ところどころまねするような動きを見せる姿がある。まだ, 何が何だかよくわからない1・2歳児に帰りの会はまだ早い, 不要なのではないかという声もあるかもしれない。しかし, まだバラバラに遊んで過ごす1日であるがゆえに, 帰りくらいはこうしてみんなで集うことが, この年齢なりのクラス意識を育む土壌になるという考え方もある。未満児の場合, 場と, そこで共有される保育文化財の中にある言葉やメロディも, 人とつながる言葉の役目を果たす比重は大きい。

(3) リズム・身体表現

事例5-15　ディズニー体操　1歳児クラス　8月

食後の床の食べこぼしを片付けている保育者の邪魔にならないようにという配慮もあってのことだろう，室内の畳のスペースでもう1人の担任がディズニー体操のCDをかけると，子どもたちが集まって来る。

楽しそうな音楽に合わせて，どっすんどっすんと相撲のしこを踏むような動作や，両腕を水平にする，片足をあげるなどの動きが入る。もちろん，まだ上手にできないが，かえってそのアンバランスが楽しいらしい。保育者の動きをまねて楽しむ。その雰囲気にひかれて別のことをしていたり，まだパジャマに着替中の子も，急いでやってきて加わる。

2歳児クラスの担任に，「この年齢の子どもが人とつながる言葉ってどんなものがあると思う？」と尋ねると，「言葉？」と意外そうな返事が返ってきた。言葉がそれほど自由でないこの年齢の子どもたちは，こうして，一か所に集まり，音に乗って身体を動かし，楽しいひとときを過ごすことでも，保育者や他の子どもと心を通わせる。

6．身近な人とのかかわりに支えられて

1歳以上3歳未満という時期は「発声も明瞭になり，語彙も増加し，自分の意思や欲求を言葉で表出できるようになる」（基本的事項より）[5)6)]。しかし，それは放っておいても，自然にそうなるというものではないことはいうまでもない。育ちゆく子どもにかかわる大人の応答や環境の整え方が大切になる。すでに本章2―(4)では，言葉が育くまれるための大人（保育者）の存在について学んだ。だが，当の子どもにかかわって言葉の育ちを育むのは，何も大人だけではない。同年齢・異年齢の子どものかかわりや，子どもを取り巻く子どものありようも言葉の育ちにかかわっている。しかも，一方が他方の言葉の育ちを支える，育てるというのではなく，共に刺激を受け，育ち育てられる，双方向的である。大人であるか子どもで

あるかを問わず，身近な人々とかかわり，その応答に支えられていることを見ていこう。

（1）保育者を介して

事例5-16　「だめー」を楽しむ　2歳児クラス

マミとハルカ（ともに３歳の誕生日を迎えている）は，このごろ気が合うのかいつも一緒にお家ごっこのコーナーにいて，楽しそうに人形を寝かせつけたり，ミルクをやったりして遊んでいる。食事の声をかけても来ないので，保育者が呼びにいった。「お母さん（マミとハルカ）ごはんにしましょうよー」と保育者が言うと，２人は声をそろえて「だめー」と言う。保育者が「えーん，お腹がすいたよー」「ごはんが食べたいよー」と泣きまねをすると，楽しそうに目を合わせて，また「だめー」と言う。２人の女児と保育者は何度もこうしたやりとりを繰り返し，その度に２人は肩をすくめて楽しそうに笑う。その雰囲気につられてか，食事中の数人もやってきて，「だめー」コールで盛り上がる。

そろそろ終わりモードになっていたごっこ遊びが，言葉のやりとり遊びへと変化した。この園では，「入れて」「かして」などの要求に「だめ」「いや」と言ってはいけないというような雰囲気は全くない。保育者の，言葉の獲得や人とのかかわりに関する価値観，保育観，子ども観，発達観がそういう環境をつくっている。

だが，このくらいの年齢になると，子どもも「だめ」という言葉があまりよくない言葉だということは何となく知っている。普段はあまり価値を認められていない「だめ」という拒否の言葉をおおっぴらに使って，保育者とやりとりすると，２人にとっては，普段頼りにしている大人である保育者が「えーん」と泣くというのが，意外で面白いらしい。

拒否の言葉は，一見，人との関係を絶つように見えるが，拒否された体験があるから，受け入れられた喜びが実感をもって感じられる。また，この事例のように拒否の言葉が，２人の子どもと保育者をつなぎ，楽しそう，うらやましいと思って見ていた周囲の子どもと２人の子ども，あるいは保育者をつないでいる。生活の中にある，このような言葉に親しむことのできる環境は，子どもの言葉への感覚を豊かなものにしていく。

(2) 異年齢間で

事例5-17　「メーちゃんだ」　1・2歳児クラス　6月

昼寝の布団が敷かれた所で，保育者がダイ（1歳8か月）のオムツを替える。ダイの頭部斜め上にメグ（2歳8か月男児）がいて，ダイがかすかに聞きとれる片言で「メーちゃんだ」と言う。メグはダイにそっとキスをする。

保育者は「(メーの) 家に赤ちゃんがいるから…」と言う。しかし，ちょっと前までは，こんなふうではなかったそうだ。メグは，名前を呼ばれて愛おしさがわいたのかもしれない。家にいる赤ちゃんを思い出したのかもしれない。4人きょうだいの末っ子だったメグに弟ができた。かわいい，愛しいだけでなく，お兄ちゃんになった誇らしさもあることだろう。名前を呼ばれることは，他のだれでもなく自分に向けられた言葉である。1歳児なので，たくさんの言葉はないが，「メーちゃんだ」という文は，その一瞬2人の気持ちを結びつけた。それがそっとキスする行為に表れている。

自分より小さくひ弱な存在がいる生活は，子どもが育つ環境として貴重である。まだ小さくてかわいい存在を，いつもではないにしても，愛しく思ったり，年上の子どもを視野に入れて育つ中で，あこがれの眼差しを向けたり，言葉や遊びや生活場面における行為のモデルになっていくこともあり得る。

(3) 子ども同士の遊びの中で

事例5-18　砂場で　2歳児　9月

「ブー」「ギー，ガッチャン」と玩具の列車をつなげたりして動かして遊ぶ1・2歳児たち。場を同じくしながら，基本的には個々別々に遊んでいる。コウキ（3歳2か月）の車体がミチヤ（3歳1か月）の車体とぶつかって，2人は共に「ブーッ」と他のルートをとる。

車体がぶつかって，お互いの存在が出会い，２人で連れ添って遊びだした。擬態語や擬声語と動きと使っている玩具で，相手の遊びの世界を理解し，共に遊びだす。こうして同じ場所で自分のイメージを出して遊ぶことは，思い思いに遊んでいながら，場を同じくする他者に自分の遊びのイメージを発信すると同時に，相手の遊びの世界のイメージにも触発される機会が開かれる。言葉はそれを助ける。また，「ブーッ」という言葉ひとつでも，２人の間に共通のものがあるだけで，その動きは２人の遊びとして成立し，一緒に遊んだ思いと共に仲間関係を育んでいく。

まとめの課題

1. 街で3歳未満児を観察し，一語文，二語文，三語文を探してみよう。
2. 1で採取した一語文の意味するところを文にしてみよう。
3. 2歳児の帰りの会の模擬保育をするとしたら，どんな絵本を選ぶか考えてみよう。

引用文献

1）平井信義，浅見千鶴子：改訂　児童発達学，光生館，p.213, 1975.
2）松村康平，浅見千鶴子：児童学事典，光生館，p.171, 1980.
3）あかまあきこ：たまごをこんこん（もこちゃんチャイルド），チャイルド本社，2008.
4）林　明子：おつきさまこんばんは，福音館書店，1986.
5）厚生労働省：保育所保育指針解説，フレーベル館，p.121, 2018.
6）内閣府・文部科学省・厚生労働省：幼保連携型認定こども園教育・保育要領解説，フレーベル館，p.180, 2018.

第6章 言葉で伝え合えることの喜びを支える

予習課題

1．実習などで耳にした，子どもならではの表現をあげてみよう。
2．子どもに言葉で言うよう促したことで，うまくいかなかった経験があるだろうか。それはなぜかについて考えてみよう。
3．最近耳にする，気になる子どもの言葉をあげてみよう。

1．遊びや生活の中で生まれる「言葉」で表現する喜び

自我が芽生え自己主張する時期を過ぎると，子どもの生活の中で“友達”“仲間”の存在が大きくなってくる。その中で，言葉は，仲間との生活の中で考えや思いをやりとりするためのものとしての意味合いがますます濃くなってくる。ここでは，幼児期の子どもの言葉による表現と，それを保育者がどのように理解したらよいのかについて考えてみたい。

(1)「言葉」への興味

子どもたちは，体験の中で得たことを自分の見聞きした言葉を使って表そうとする。それは，大人が話すのを聞いて知った言葉だったり，絵本の中に出てきた言葉だったりするのだが，そうして“言いたいこと”と“言葉”がぴしゃりと一致する時，言葉がその子のものになり，まさに身に付いていくのである。

1）ぴったりの言葉を見つける

事例6-1　このごろわかってきた　4歳児　7月

なかなか園に馴染めなかったテツヤが，帰りの支度の時「前は何だかわからなかったけど，このごろわかってきた」と保育者にわざわざ言いに来る。

このテツヤの言葉には，単に帰りの支度がわかったということの報告ではない真剣な響きがあった。テツヤは幼稚園というところでの過ごし方がようやく自分なりに見えてきたのだ。そのうれしい発見を保育者に伝えたくなったのだろう。

事例6-2　旅に出るの　5歳児　5月

ミチとトモエがお弁当の後，まだ時間はたっぷりあるのに園服を着てカバンをしょい，保育者に「今から旅に出てくるの」と言う。「いってらっしゃい」と答えると，楽しそうにめいめいが何度も「旅に出るの」と言いに来る。

このあと，特にどこかへ行ったわけではない。仲良しの2人で，何かやろうというワクワク感を「旅に出る」と言うことで味わっていたのだろうか。

事例6-3　失敗したマサシ　5歳児　6月

年長から転入してきたマサシ。ようやく仲間の中で自分の位置が決まってきたものの，まだ相手の出方をよく見ながら行動している。今日は，遊戯室で仲よしのユウジの誕生会が行われるので，うれしくてたまらない。誕生会の中には保護者も見ている中で皆の前に出てインタビューを受けるという晴れがましい場面がある。司会者が「名前を言ってください」と言ったその時，マサシがすっとんきょうな声で「やまもとゆうじ，26歳，独身」と言うが，その場にそぐわず，誰も笑わない。もちろんユウジも困ってしまって，マサシはばつの悪そうな顔をする。

この言葉はマサシやユウジたちが遊びの中でふざけて使っていたものだ

ったのだが，この場にふさわしいものではなかった。このように失敗を繰り返す中で子どもは，自分の気持ちにぴったりとして，相手ともわかり合え，その場にふさわしい“言葉の接点”を見つけていく。

2）数字で表現すること ― 言葉としての数字 ―

事例6-4　1，2，3ときたら　5歳児　5月

「バスケやりたいなあ」のリョウタのひとことから始まったバスケットのゴール作り。モトヤも加わって箱のゴールを壁に貼り，保育者がシュートするラインを床にガムテープで作る。「もっと線ひこう」と5本のラインを自分たちで作り，近いところからモトヤが「1てん，2てん，3てん…」とマジックで書きいれていく。ところが一番遠い線を「ここは6てんだ」とリョウタが言い，「6000000てん」と書く。モトヤ「あれえ，1，2，3，4だったら5だよ」と言うと，リョウタはにやりとして「いいの，これで」。モトヤは「へんだなあ，ぼくやめた」

この日はこれでモトヤは抜けてしまったが，翌日はまた仲間に入り，今度は1，2，3，4，5と点を書いていた。リョウタはわかってはいたのだ。でも，一番遠いところからのシュートは難しそうだから，たくさん点が取れるようにしたいという思いが，「6000000」（6ではなく）と書かせたのだろう。おやつを同じ数ずつ配る時などは，きっちりした数が求められるが，遊びの中では，このように数字も気持ちを表現するものとなることもある。

3）おはなし作り

事例6-5　2人でおはなし作り　5歳児　6月

お弁当後のゆったりした時間に，ケンとユウタロウが額を寄せ合って，しゃべり合いながら絵を描いている。「カエルが…」「宇宙人も…」「かたつむりがね…」などの声が聞こえてくる。ユウタロウが少し字を書けるのだが，書けない所は保育者が聞いて書いてあげる。絵本の形にまとめ，帰りのひとときに読むと，その後，男の子の間でおはなし作りが流行る。

このように，仲間関係がしっかりできてくると，誰かが始めた面白そうな遊びは，仲間の中に広がっていく。そしてもうひとつ，ここではお話が作りたくなるような“ゆったりした時間”という環境にも大きな意味がある。おはなし作りは，保育者がきっかけをつくってやらせることもできるが，このように，生活の中で成長と共に絵や字を使って面白さを書き留めたくなってくる時期に，お話を生み出すのに必要なたっぷりした時間を用意して，想像の中でも遊ぶ楽しさを味わわせたいものである。

（2）大人が“書いてあげること”の意味

事例6-6　「名前を書いて」　5歳児　10月

文字に興味が出てきた子が増え，「○○って書いて」「○ってどうやって書くの」とよく聞かれるようになってきた。保育者が，何人かの子からいっぺんに自分の名前を「書いて」と言われててんてこ舞いしていると，カズヒロが「わたなべかずひろって書いて」と頼んでくる。カズヒロは4歳児のころから，ひらがなどころかＡＢＣも書けるような子だったので，「カズくん，自分で書けるでしょ」と思わず言うと，カズヒロの顔から笑みが消え，はっとしたように，自分で名前を書く。

カズヒロは，他の子が保育者に書いてもらっているのを見て，自分も書いてほしくなった。書いてもらうことで保育者に甘えたかったのであろう。この一件では，文字が書けてしまうことで，カズヒロがこれまでにできなかったかもしれない大人，とりわけ親との結びつき方を思い，胸が痛んだ。文字が書けることと，文字を書くことは同じではない。文字が読めることも同様である。松居はその著書の中で繰り返し「絵本は大人が読んでやる本」であり，聴きながら子どもは「全身全霊を活性化させ…自分の血肉にして自分のエネルギーにしてしまう」「これはもう…ことばを覚えるとか暗記するとかいった表層的なものでなく，“ことばを食べる”としかいいようがありません」[1)]と述べている。子どもは，大人に読んでもらった絵本の言葉を，咀嚼（そしゃく）してその身の内に取り込むのだ。

だからこそ保育の中での言葉を考える時，「言葉が書ける」「言葉が読める」ことだけを最終目的にしてはならない。子どもの言葉は，まず伝えたい人に自分の思いを表そうとすることから始まる。それが言葉という形になった時，さらに世界が広がっていき，多くのつながりが生まれる。文字の書けない子どもは話すことによって自分の思いをはっきりと胸に刻む。書き表すということは，その延長上にあることだ。言葉は，人が人に触れるひとつの形なのである。大人が子どものために書くという行為は，それを通して子どもに触れることに他ならない。

2．言葉で思いや考えを伝え合うこと

言葉で自分の気持ちを伝えることは，思いのほか難しい。伝え手と受け取り手の間でずれが生じることも多くある。

(1)“つながりたい”思いの出し方

特定の“なかよし”ができるようになるころ，楽しく遊べさえすれば，誰が入ってもよかった時とは少し様子が違ってくる。遊びの中で顔を見合せて唐突に「お友達だもんねー」と言い合ってみたり，一緒にごっこ遊びをする子同士で，服装を揃えたりと，“自分たちは特別な仲間である”ということを確認するかのように振る舞う姿が見られるようになる。「いれて」「だめ」のやりとりがよく見られるようになってくるころである。

1）なぜ「だめ」なのか

事例6-7　交替で「だめ」　4歳児　4月

大型カラーブロックでタクとサトルが基地を作っている。そこにススムが来て「いれて」と言うと，サトルが「仮面ライダー！」と言ってブロックをひとつ投げつける。ススム「仮面ライダーうちにある！」と詰め寄ってわめく。保育者が「ススム君を入れてやってよ」と頼むと２人は「２人しか入れないの」と言う。保育者が重ねて頼むとしぶしぶ「いいっていってるじゃん」と入れてくれる。ところがそのうち，タクが外に出て行き戻って来ると，今度はススムがどんと突き飛ばして門前払いする。タクが泣く。次には，コウヘイが「いれ

て」と言ってくるが，中にいた者みんなに「だめ」と言われて，泣く。

後から来た者が「いれて」と頼むと，何の理由もなく「だめ」と言われてしまうことも少なくない。ここでススムは，自分がやっと仲間入りしたにもかかわらず，入れてくれたタクを逆に遊びの場から締め出そうとする。しかし，この後タクは再び仲間入りをして，基地ごっこを楽しむのである。保育者が見ていると「そんないじわる言わないで」と言ってしまいそうになるが，ここでの子どもたちは「仲間になった気分」を「だめ」とはねつけることで味わっているようにも見える。

事例6-8　いやなことしなければいいよ　4歳児　7月

トモが，アカネたちの遊びに「いれて」と頼むが「トモくんはいやなことするからだめ」と言われてしまう。保育者が「いやなことしなければいい？」とお願いすると「いいよ」と入れてくれる。

ここでは，アカネは明らかに「トモだからだめ」と言おうとしている。でも，それは“嫌いだから”という理由ではなく「トモと遊んで以前いやな思いをした」という経験があって，「楽しく遊びたいから，いやなことをするトモは入れられない」という意味なのである。トモが，アカネたちが望んでいる楽しさを共有してくれるのならいいということなのだ。このころの子どもは具体的な文脈の中で考えたり表現したりするためこのような言い方になってしまうこともある。

事例6-9　アキコだけと遊びたくて　4歳児　7月

ユリが仲よしのアキコといすを並べてお城を作っていた。ミチコ，マナ，マイカの3人がやってきて「すごーい。いれて」と言う。ユリは小声で「だめ」とつぶやく。3人があきらめず「どうしてだめ？」「どうしたらはいれる？」と口々に尋ねると，ユリがぼそぼそと何か言う。「スカートはいてくればいれてくれるんだって」うきうきとスカートを取りに行く3人。その後，3人が加わってごっこ遊びが始まったが，ユリは浮かぬ顔ですみで違うことをやっている。

ユリは，最初は「だめ」と言ったものの「スカートをはいてくればいい」と譲ってくれている。このように「○○ならいいよ」と条件をつけて仲間入りを許すこともよく見られることである。このように，ねばったり，譲歩したりと交渉する中で，他の人との関係のもち方を学んでいく。しかし，ここでユリは「いいよ」と言ったものの楽しそうではない。本当はアキコと２人だけで遊びたかったのだ。果たして「いれて」あげてよかったのだろうか。このように「いれて」「だめ」のやりとりは，表面上の言葉は同じでも，背景にあるその子の思いは様々である。保育者は「いれてもらう」「いれてあげる」ことの意味を十分に考えた上でかかわっていかなくてはならない。

2）「だめ」の伝え方

事例6-10　本当にいいの？　5歳児　5月

リクトがカナヘビを持ってきた。逃げないかと１日中心配していた帰りのこと，「タクロウ君が取った。先生言って」と保育者に訴えてくる。２人を前にして話を聞くと「ぼくにあげるって言った」「リクトくんそう言ったの？」「だめ」「えー，言ったもん」との繰り返し。タクロウはしぶしぶ返す。ところがその直後，リクトは横にいたソウタに「かしてあげる」。これには言われたソウタの方が「えっ本当」とびっくりだ。「明日返して」これを聞いてタクロウは「ぼくにはなぜ貸さないんだ，いじわるめ」と顔を真っ赤にして怒る。保育者がリクトに「困ったね，どうする？」と聞くと「タクロウくんにあげる」今度は貸してもらうはずだったソウタが「なんでだよ」リクトは困ってぐずぐずとあれこれ言い出す。

事例6-11　ナナコの「だめ」　4歳児　11月

ナナコは普段から自然に周りの人のことを気にかけて行動する優しい子である。そのナナコがめずらしく普段遊ばない子と一緒にお店やさんごっこをやっていた。ナツキが「ジュースください」と言うと「はいどうぞ」。次にナツキが「わたしも入れて」と言うと，お店やさんの中から「だめ」の声がした。ナナコも小さい声で「だめ」と言う。ナツキは去っていく。

５歳くらいになり仲間意識がはっきりしてくると，今はこの子と遊びたいという気持ちが育ってくる。運動会などで順番に手をつなぐ場面では，役割に応えて手をつなぐことはするが，自分の思いの出せる場面では「この子でなくては」という思いを出すようになる。リクトは，いったいカナヘビのやりとりを通して何を表現したかったのだろうか。５歳であってもリクトのように，まだ上手に相手に自分の思いを出せない子も多い。それは逆にいえば，単純に誰にでも自分の思いを出せていた時代とは違い，相手一人一人への思いがくっきりと違ってきたことに加えて，相手の思いに寄り添って考えようとすることができるようになったための難しさも原因しているのであろう。そのため，見かけのやりとりは矛盾したり混乱したりしてしまうのである。

ナナコは普段なら「だめ」と断るようなことはしない子である。しかし，生活の中では，自分が我慢するだけでなく断ることも大切なことだ。ここで「だめ」と言えたのは，いつも遊んでいる仲間ではないという環境があったからこそ，普段の自分とは違って断ることができたのである。花いちもんめのやりとりの中で「負けて悔しい花いちもんめ」と相手に悔しさをぶつける場面があるが，相手のことを気遣いすぎてしまう子には遊びの中で，そんなふうに悔しさを声に出して爽快な気分を味わうのも大切なことかもしれない。「だめ」な時はちゃんと「だめ」ということは自分自身の思いを大切にすることでもあるが，相手を傷つけずに「だめ」と言うことは，なかなか難しい。保育者のかかわり方が問われる場面である。

（2）ひとことが関係を変える

４，５歳児になると，ものごとを関連づけて捉えることができるようになるため，友達関係もより深いものになる反面，一旦できてしまった関係を変えることは難しくなる。あやまったり，なぐさめたりする時にも言葉を使って気持ちを伝えるが，時には，思いがけぬひとことがきっかけになって関係が変わることもある。

1）言葉によってつながる思い

事例6-12　意気投合　5歳児　9月

帰りの絵本の時に，最近転校してきたコウタロウがたまたまリョウタと隣同士になった。そのころのリョウタは，トラブルを起こすことが多く，友達から敬遠されていた。コウタロウは，面白い場面になると，リョウタの肩をたたいて「おもしろいなあ！　○○だって，なあ」と笑うので，リョウタもつられて「○○だって，なあ。おかしいなあ」とコウタロウの肩をたたいて笑い合う。

事例6-13　あーエリコちゃんいればよかったねえ　5歳児　6月

サエが電車ごっこをやりたくなって，ルイ，ナツキと一緒に電車を作る。箱をダンボールカッターで切るが，なかなかうまくいかない。サエは「あー，エリコちゃんがいればよかったねえ」と言い，他の２人もうなずく。

ここに出てくるリョウタもエリコも，種々の事情から，なかなか素直に友達の中に入れず，何かというとトラブルを起こしてしまうことが多かった。最初の場面では，コウタロウがまるで仲のよい友達に言うように話しかけたことから，つられてリョウタも同じように言葉を返している。その結果，思いがけず「なあ」「なあ」と肩をたたき合って面白がる関係が生まれた。ほんのひとときの親しい関係なのだが，普段トラブルを起こし責められてはしかめっ面をしていることの多いリョウタの，はじけるような笑顔を，周りの子も「へえ」という面持ちで見ていた。このように，言葉でのやりとりの勢いを借りて普段とは違う自分の一面を表出することが，固着した関係を変えるきっかけにつながることもある。

つぎの場面のエリコはユニークで魅力ある子だったが，楽しい関係を持続することができず，すねたりごねたりしたあげく，遊びを台無しにしてしまうことも少なくなかった。サエは，休んでその場にいないエリコが，昨日ダンボールカッターでうまく切っていたことを思い出し「いればよかった」と口に出している。一緒にいればもめてしまうのかもしれないが，思い出すことでむしろエリコのいい面がよく見えてくる。ここではサエのひとことが，そこにいないエリコの存在感を，仲間に伝えている。4，5歳児はこのように友達について考えたり，それを言葉に出したりすることができる。このようなつぶやきを大切にしていくことが関係を育てることにつながるのである。

2）もめごとからの学び

事例6-14　サトシくんいい子になったよ　5歳児　5月

早帰りの日，もっと遊びたい気持ちを抑えきれないサトシが，あと少しで降園だというのにしまってあるものを次々と出す。「あ，サトシくんが机になにか描いてる」との声で見ると，いつものように机にマジックで描いては消しゴムで消している。描いて消すのが面白いのだろう。しかし，ナナコは「サトシくんいい子になったよ，消してるもん」と言う。サトシは恥ずかしそうににやにや笑う。この後サトシはもう落書きをしなくなった。

ナナコは，いつもトラブルを起こすサトシのことを，「変な子」，「困った子」ではなく，4歳児の1年間一緒に生活をしてきた「仲間」として見てくれた。その，サトシの行動をわかろうとする気持ちが言葉になって表れている。そして，サトシもその気持ちに動かされて描くのをやめたのだ。ひとつの言葉が対立した関係を変え，その子を変えていくこともある。

事例6-15　運動会の言葉決め　5歳児　10月

はじめの会の時の司会の言葉を言う人を決める。やりたい人が多いのでひとつの言葉を2人で言うことになる。しかし，ある言葉をやりたい人が3人いて譲らない。とうとうジャンケンで決めることになりトモミが負けた。べそをかくトモミにタクロウが「3人でやることにすればいいよ」と言うと，聞いていたナツキが「タクロウくん，やさしい人だね」と感心したように言う。タクロウはさかんに照れ，その場の空気が和む。トモミも笑う。そして，「ナナコちゃんがまだ1人だから，私，そこと代わってあげる」と自分から言う。

ここでも，トモミの困った様子に，何とかしてあげたい気持ちがタクロウの言葉になって表れた。それを聞いたナツキも，その言葉の裏にある思いを感じ「やさしい人だね」と表している。ここで話し合っているのは「どうしたらいいか」という方法だけではない。どうしたらお互いにとって楽しくできるのだろう，ということについて話し合いという形でみんなで心を寄せ合って考えている。話し合いは，結論がうまくまとまることだけが目的ではないのである。

3）本当の「言葉」になるまでの時間

事例6-16　あきらめの一発　4歳児　5月

ケンヤは，初めての本の貸し出しで，お気に入りの絵本を2冊借りて大喜びだった。その本を返す日に，返すのがいやになってだだをこね，保育者だけでなく母親にも説得される。とうとう「わかってるよ」と言い，返しに行く際に，保育者に一発パンチをお見舞いする。

お気に入りの本を返すのが残念だが，返さなくてはいけないこともわかっている。4歳児は「しなくてはならないこと」がわかるようになるため，それと「自分がやりたいこと」との間に挟まって悩むようになる。このパンチは，「わかってるよ」という言葉とは裏腹に収まらない気持ちの表れである。こういう経験を通って，だんだんパンチがなくても納得できるようになってくる。

事例6-17　さっきのもいいよ　4歳児　5月

ノブオに水をかけられ，泣きじゃくって何を言われてても許さなかったミカコ。しばらくして，他の子とのトラブルでノブオが「ごめんね」と謝っている場面に居合わせて，「さっきのもいいよ」と言う。

「ごめんね」と言われても，すぐには心の底から「いいよ」と言えないこともある。ミカコは「いいよ」と言ってあげられなかったことが，心の中にずっと残ったのだろう。それを埋め合わせるために，こんなやり方をとったのだ。この後から言った「いいよ」はミカコの本心から出た「いいよ」なのだろう。

（3）言葉が支える楽しい“ひととき”

事例6-18　鳥が来た　4歳児　2月

ユウジとカツキが「先生，鳥がいた」と園庭の築山を見ている。3羽の鳥がせんだんの木の実を口にくわえてピョンピョンととんでいる。タクミが来て「くちばしが黄色いからムクドリだ」と言う。さっそく保育者は近くにいた子5，6人で見に行くことにした。セキレイも来て「ピイピイ」と高い小さな声で鳴くのを聞いて，最近トラブルの多かったユミコが目を細めて「カワイイ」と言う。タクミが大声で「先生！」と言うとパッと逃げる。「しーっ静かに」とユウジ。しばらくみんなで静かに眺めている。

部屋に帰ると，ユウジが「鳥の絵描いてあげる」と言う。ユウジとカツキで，何枚も何枚も絵を描く。

年度の終わりごろ，仲間関係も育ってきた年少クラスでの光景である。この場面には，短いがいくつもの言葉があふれている。鳥を見つけたことを驚いて伝えようとするユウジとカツキの言葉。いかにも物知りの彼らしい言い方をするタクミの言葉。思わず心が和んだユミコの口から洩れた言葉。場に合わぬ大声を出すタクミを「しーっ」と制してこの光景を守ろうとするユウジ。そして最後に言葉にならない心もちを伝えたくて，ユウジは絵を描き始める。仮にこの場面に，言葉がないと想像したらどうだろうか。それぞれの口からあふれるその子らしい一言が，この場の空気を温かいものにしている。少しの言葉が，長い沈黙の時間の共有を支えている。しかし，その裏には，短い言葉から「察し合える」関係の育ちがなければならない。言葉は，言葉にならぬ人と人のつながりの上に表れるひとつのしるしなのである。

このように，言葉は，受け止められる関係があってこそ，生かされる。しかし，その関係が育つまでには，ここで書いてきたような様々な言葉による行き違いも経験することは欠かせないのであろう。言葉の表面上の意味を捉えることだけでなく，その裏にある“思い”をくみ取ろうとすることは，どの年齢においても大切なことだが，より上手な言葉の使い手となった4，5歳児を相手にすると，保育者はつい“思い”より内容に重きをおいて，話し合いを進めようとしたり，もめごとにかかわったりすることはないだろうか。4，5歳児になると，徐々に「言葉」が自分を守る盾にも，人を深く傷つける刀にもなり得ることがわかってくる。保育をする者はより慎重に，言葉のやりとりの中で何が育っているのかを考えていく必要があるだろう。

3．遊びの中の協同的体験と伝え合い

年中から年長にかけて，自分の思いを伝えたり，相手の思いを聞いたりして遊びを調整し合う姿が見られるようになる。また，年長の後半では，遊びの中だけでなく，園全体の行事などについても，どうしたいかを話し合う機会も増えてくる。ここではそういう場面での言葉について考える。

(1) 困った時が，知恵を出し合う時 ― 話し合う ―

小学校の生活では，言葉を使ってやりとりすることが多くの部分を占めるようになる。授業の中でも，自分の考えを言ったり，人の意見を聞いたりする話し合いが中心になる。話し合いが成立するためには，話される事柄について，「自分なりのかかわり」が「言葉によってできる」ことが必要になる。そして，幼児が日々繰り返す“遊びの中でのやりとり”こそが，その土台となっている。

1）個性あふれる解決法

事例6-19　ミチのスカート　4歳児　10月

ハルナ，ユリ，マイカ，トモコ，ミチ，ナツコの6人でやっていたお母さんごっこの中でもめごとがあった。ミチが，ナツコのはいているスカートを脱がして取ろうとしたからだ。そのスカートはミチのお気に入りでいつもはいていたものだった。泣いて取り合いをする2人を囲んで，周りの子が様々にかかわる。「私は，ナツコちゃんの方が正しいと思う」と正義感の強いユリは憤慨。2人の頭を一生懸命なでるトモコ。「ナツコちゃんはこれがいいの？」「ミチちゃ

んもこれがいいんだね」と2人にかわるがわる声をかけるマイカ。通りかかったリョウスケは，じっと成り行きを見守ったあげく「順番にすればいいじゃん」と一言言って去っていく。しばらく2人は泣きながらスカートを握り合っていたが，とうとう最後にミチは，ナツコにスカートを譲った。

事例6-20　落ちたヒヨコの人形　年長　12月

ユカが側溝の前で泣いている。友達が数人寄ってきて「大丈夫？　どうしたの？」と声をかけた。けがでもしたのかと保育者も走って来て「どうしたの？なんで泣いているの？」と尋ねると，泣き続けるユカの代わりにアイコが「あのね，ユカちゃん，大切なひよこの人形を溝に落としちゃったんだって」と答える。見ると，泥の中にヒヨコの人形が見える。保育者が「それは，困ったね。ユカちゃん，どうしようか」と聞くとユカは小さな声で「わからない」と答える。保育者は「そうか，じゃあ」と言って今度は周りの子に「どうしたらいいかなあ」と尋ねると，「棒で取ればいい」「取ってから洗えばきれいになるよ」「温かいお湯で洗ってあげれば喜ぶよ」と，口々に言う。保育者が，「そうだね。きれいに洗えば大丈夫だよね。ユカちゃんどうする」と聞くとユカは「うん，そうする」と言い，ヒヨコを拾いあげ，みんなと一緒に洗いに行った。

上記の2つのエピソードでは，どちらも困った子の周りにわいわいと子どもが集まっている。何かが起こった時に，「どうした，どうした」と心を寄せて集うことが，話し合いの原点であろう。そして，その事柄に対して自分なりのアプローチを表明するその“かかわり方の多様性”が“言葉での話し合い”につながっていく。事例6-19では，理屈からいけばユリの言う通りであるが，“両者に何とかしてあげたい”という思いから，その場を何とか収めるために，それぞれがその子らしく考え，行動している。頭をなでるトモコは心の中でどんな「言葉」を語っていたのだろうか。このような，様々な友達の言葉の中で考えたことが，ミチの“自分から譲る”という決断につながっていく。次の事例6-20では，保育者が，その場の子どもをつなぐ役をしている。ユカは，ヒヨコの人形が泥だらけになったのを見て，どうしたらいいか考える気も失って泣いている。保育者は，ユカを心配して周りに来た子どもたちに「一緒に考える」ことを投げかけてみんなの考えを問う。そこから出てきた言葉を聞く中で，ユカは気持ちを立て直し，自分がこれからどうしたいかを選べるようになったのである。

このように，日常繰り返されるトラブルの中で，子どもたちは，“行為”と“言葉”の両方でかかわりながら，友達の問題を自分の問題として考える経験を積んでいく。もちろん，その前提には，相手の身になって考えたくなる，そして何を言っても受け止めてもらえるという人間関係がなくてはならない。こういう経験を繰り返す中で，年長になると“クラス”や“園”にまで所属意識の範囲も広がり「どうしたらみんなが楽しくなるか」についても自分の問題として話し合うことが可能になってくるのである。

（2）一緒にやると，面白い ― 協同的体験 ―

1）いつの間にか仲間が増えて

事例6-21　タカキとテツヤの本屋さん　4歳児　7月

部屋の中には，外で水遊びができない子どもたちが何人か静かに遊んでいた。テツヤが，やにわに本棚の本を2，3冊ずつ部屋の真ん中の机に運び始めた。普段だと朝の支度の後は片づけてしまう机の上に，あっという間に本の山が出来上がった。「本屋さんです，本屋さん」，それは以前，タカキがヒロキと一緒にやっていた本屋さんごっこのまねだった。部屋の中では，保育者とお母さんごっこをやっている女の子が数名。保育者の「本屋さんみたいよ」の声に，その子たちも様子をじっと眺めていると，テツヤに「今しか売れません」と言われて「今だけだって」とあわてて買いに行く。そこにタカキがやって来て「入れて」と加わったことで俄然，本屋さんは忙しくなった。「本屋さんにはレジがあるんだよ」とタカキがおしゃべりしながら作り出すのをテツヤは見ている。「先生，本屋さんって書いて」「これが地図ですって書いて」「おやすみって書いて」と看板が作られ本屋さんらしい体裁が整ってくると，通りがかりに立ち止まる子も増えてくる。そのうちプールから戻ってきたタクロウ，ソウシが興味をもって仲間入りし，「ここに椅子を置いたらどう」「虫の本，もってこよう」とさらに活気づく。テツヤはうれしくてはしゃぎ，突然「火事です」と言って本をテーブルから落とす。保育者が「ぼくたちをおうちに返してよ」とおどけながら落ちた本を本棚に戻すと，タカキが「そうだ，本棚も使おう」と本棚も運びこんで一層お店らしくなる。テツヤの「いらっしゃい，いらっしゃい」の声が弾む。

この遊びの中心にいるテツヤは，家庭でも子どもと遊んだ経験が乏しくなかなか友達に馴染めない子だったが，たまたま思いつきで始めた本屋さんに様々な人がかかわってきたことで，楽しい遊びが展開した。数日前に本屋さんをやっていたタカキが入ってきてアイデアを形にすることで，“ただ本を並べて売る”というテツヤの素朴な店が店らしくなっていく。ここでのやりとりをよく見ると，テツヤにはまだ，友達とどのように関係をつくっていいのかわかっていない面も見える。それでも本屋さんの一員になって満足することができているのは，会話によって周りの子がテツヤの思いを確かめながら本屋さんごっこを進めようとしているからであろう。そしてその裏には，テツヤの始めた「本屋さん」を周りの子に伝え，遊び慣れていないテツヤが，「火事です」と言ってその場を面白がって壊そうとする。その，思いがけない行為を受け止め，遊びにつなげていく保育者の援助がある。このように，協同的な遊びの素朴な形は，子どもたちが，各自のもっているイメージを伝え合い，心を添わせながらずれを許容しつつ遊ぶ経験を積むことに始まる。

2）みんなを呼んでこよう

事例6-22　仮面ライダーショー　4歳児　9月

朝からケンが「仮面ライダーショーをやりたい」と何回も保育者に言っていた。「ひとりじゃできないから，やりたい人を探してくれば」と保育者が言うと，ケンはいつもの戦いごっこの仲間であるユウタロウ，ソウシを呼んでくる。BGMも数あるテープの中から自分で選んで持ってくる。3人がやっているとユウとタクヤが「入れて」と加わり，テツヤも「マイク持つ人やりたい」と仲間入りする。仲間が増えてケンは「こうやって戦うようにしよう」と型を考え，大張り切りである。最初は階段でやっていたが，チハルが「ユウくんを応援する」とマユカ，ケンジを連れてきたので皆で「広い場所探そう」と探しに行く。遊戯室が開いていたのでそこでやることになり，お客さんもさらに増えて皆いっそう張り切ってショーをやる。

事例6-23　かさのダンス　5歳児　9月

その日は午後から雨という予報だったので，皆，カサを持ってきていた。廊下で，トモエ，マイカ，カスミ，ナホとカサを持って「ここで開こうよ」などと相談している。トモエとマイカが中心になって「はい，順番に開いて」などと順番に開く練習もしていた。踊りの相談のようである。ナホは自分で考えた踊りを「こうやったらどう？」と踊ってみせると「いいねえやろう」とトモエ。そこにやってきたユリカが「テープ係やってあげる」と参加して音楽も加わりさらに盛り上がる。トモエが「仲よし広場でやろうか」と提案し，カスミが「私，相棒（年少クラス）のモモカちゃん呼んでこよう」と思いつくと「私も」「私も」とそれぞれが相棒を呼びに行く。マイカは「これじゃ券を作らなくっちゃ」とあわてて部屋に行き，入場券を作り出す。ユリカに頼まれた保育者が，皆の名前を書いた看板を作る。相棒のお客さんも大勢見に来て，楽しいカサのダンスショーになった。

この2つのエピソードでは，中心になっている子が「こういう遊びをやりたい」というはっきりしたイメージをもち，それに沿って周りの子に働きかけている。一緒にやりたいけど，中心ではなくて，ショーを盛り上げる役で参加したいという子は，マイク係，音楽係，観客などの役を自ら選び，そのことがさらに遊びを豊かにしている。レイヴとウェンガーはこのような参加の仕方を「正統的周辺参加」と名付け，このような多様な参加の形の意味を明らかにしている[2)]。

遊びの展開の仕方に注目すると，人数が増えたことで場所を変える必要が生まれて探したり，ショーのイメージが膨らんできたことで看板や入場券を作ることを思いついたりと，すべてを相談してから遊びが始まっていないことがわかる。子どもたちは，遊びを進める中で，知恵を出し合い，相談しながら遊びをつくり変えていくのである。そしてこのような遊びを何度も経験することで，自分の思いが実現していく楽しさを知るとともに，「ここではこうした方がいい」ということがあらかじめ予想できるようになり，徐々に言葉だけで相談することができるようになっていく。

3）やりがいがある仕事

事例6-24　園庭の大工事　5歳児　10月

今日は，運動会の踊りの練習をする予定になっているのに，昨日の雨で園庭には大きな水たまりがいくつもできている。保育者が水を抜こうと竹竿を使って水路を作っていると，砂場にいたショウ，モトヤ，マサシが「やらせて」とシャベルを持ってやってくる。あちこちにある水たまりを一つにまとめてバケツで汲み出すことにするが，いつも砂場で遊んでいるだけあって水路作りも手慣れたもので，「池（水をためるところ）のふちが高いからしまったなあ」「そっちに流せ」などと話しながら進めていく。ヨウヘイは水を汲み出しては砂場に運ぶ。運んだ水は砂場で団子作りに使うようだ。砂場ではコウタが中心になって，「よーし，水が来たぞ」とせっせと団子を作っている。水をかい出す人と，団子を作る人が同じように“働いているぞ”という感じなのが面白い。見ていた子たちもそのうちどんどん仲間に加わって，園庭は見る間にきれいになり，保育者たちに「ありがとう」と感謝されたうえ，団子もたくさんでき，大仕事を終えた面々は晴れやかな顔をしていた。

普段の遊びの延長で，こんな場面でも連係プレーが可能になる。頼もしい子どもたちの姿である。仲間と相談し合って進める生活が基盤にあると，このように大がかりなプロジェクトも自分たちの力でやることができる。

（3）子ども同士がつながる土台をつくる保育者のかかわり

前出の事例のように子どもが協同的な活動を楽しむことができるようになるためには，それまでの日常における保育者の細やかな援助が欠かせない。つぎの事例は，どこにでもあるような出来事だが，保育者のかかわり方ひとつで出来事の流れが変わっていく。

事例6-25　言いつける気持ちの裏には　3歳児　6月

3歳児のクラスで，お散歩の前にトイレに行く時間になった。みんなが行っているのにリョウは行かなかった。その行動を見ていたシンは，大声で「リョウちゃん，トイレ行ってない！」と言った。リョウは「行ったもん」と言い張る。しばらく２人の口論が続いた。シンは保育者に「先生，リョウちゃんトイレ行ってない」と言いに行く。保育者は２人のことを見ていたので状況は把握していた。「リョウちゃんトイレ行ってないのか。大丈夫，リョウちゃんが戻ってくるまで待ってるから行っておいで」そう言っても「行った」と言い張るリョウ。全く行く気配はなく２人はにらみ合う。

事例６－25は，保育の中の危機的な場面である。あなたならどうかかわるだろうか。

・「お散歩の途中で行きたくなると困るから行こう」と理由を説明する。
・「いいよ，行きたくなったら教えてね」と気持ちが変わるまで待つ。

いろいろ方法は考えられるが，３歳児が意地を張った時，それを変えるのは難しい。ここでこの先生の取った方法は，全く違うものだった。

そこで保育者が，シンの方を向いて「ところでシンちゃんは行ったの？」と聞くと，なんとシンは「あ，行ってない」と慌ててトイレに向かったのである。するとリョウも「僕も！」と後を追って駆け出した。さらに保育者が，２人に向かって「そうか，リョウちゃんはシンちゃんと一緒に行きたかったんだね」と声をかけると，２人はにっこりと顔を見合わせて一緒に走ってトイレに向かったのだった。（実習生の記録から）

これを見ていた実習生は，「あまりの意外な解決に，まるで魔法にかけられたようだった」と語っていた。これは，保育者の子どもを見る目の確かさがあってこそのかかわり方だといえよう。３歳くらいの子どもは，「○○がいけないことやってる」と誰かの行為を言いつけることによって，「してはいけないこと」としている自分の考えを確かめることがある。これは，抽象的にその行為だけ取りあげて「こういうことはやっていいのか」と聞けないことから起こるのだが，できれば自分もトイレに行きたくなかったシンのように，その子自身も実はその「いけないこと」をやってみたい気持ちがあるからこそ言いつけることもある。３歳児のそんな姿を承知していた保育者の「シンちゃんは？」の一言により，２人はトイレに向かうことができた。そして，さらに「一緒に行きたかったんだね」という言葉が添えられたことにより，あたかも最初からそうしようと思っていたかのように笑い合う姿さえ生まれ，２人の偶然がつながった。保育者は，シンが常にリョウのことを気にしているのを知っていたのだろう。「トイレに行かせたい」という願いは同じでも，注意を与えて行かせるのとは全く違う展開になったのである。“言葉がけは大切”とはよく言われるが，正しい言葉のかけ方があるのではなく，保育者が子どもの表れからていねいに一人一人の子どもの物語を読み取り，言葉に置き換えていく行為こそが本当の意味での“言葉によって保育者の思いをかけること―言葉がけ―”なのである。

まとめの課題

1．それぞれの事例で，あなたならどのような言葉をかけるのか考えてみよう。
2．子ども同士のいさかいの中で，言葉にならない言葉が語られていたことはなかっただろうか。考えてみよう。

引用文献

1）松居直：声の文化と子どもの本，日本キリスト教団出版局，p34, 2007.
2）ジーン・レイヴ，エティエンヌ・ウェンガー，佐伯胖訳：状況に埋め込まれた学習　正統的周辺参加，産業図書，1993.

第7章 遊びから生まれる表現を支える

予習課題

1．第1章から第6章までを読み直し，子どもの言葉の育ちを確認しよう。
2．領域「言葉」のねらいと内容，内容の取扱いを再度読んでみよう。

1．心の動きと言葉

子どもは，毎日の園生活の中で様々な体験をし，自分の感情と出合う。そして，その感情や思いを自分なりに表現しようとする。保育者は，子どもの表現を共に楽しんだり，少し言葉を添えたり，質問したり，周りに伝えたり，気持ちを言葉化したりと，様々な方法で子どもの表現を支える。保育者の対応（気持ち）に満足した子どもは，さらに相手に伝える方法や伝えたい気持ちを育てていくことになる。やがて，友達に自分の気持ちを表し始め，友達からの表現を受け止めることも覚える。やりとりを重ねることでさらに関係を確かなものとしていくのである。

この章では，生活や遊びの中で子どもがどのように言葉を生み出していくのか，そこにはどのような心の動きが伴うのか，どのように相手と気持ちをやりとりしているのかを考える。また，事例を通して，保育者はいかに子どもの表現を支えているのかについて考えを深めていきたい。

2．自分の気持ちを表現する

事例7-1　「お兄ちゃんになったから長くなった！」　3歳児　12月

3歳児のモモコは，人懐っこい面があり，笑顔がとてもかわいい女児だが，少々幼く感じられる子どもであった。12月のある日，クラスで身体測定を行った。ほとんどの子どもの背が伸び，体重も増えていた。モモコの番になり測定すると，やはり身長と体重が増えていた。担任のサオリ先生は「モモちゃん，背は伸びたし，体は重くなったし，お姉ちゃんになったね」と言った。モモコはうれしそうに「うん！」とうなずいた。

保育が終わり，預かり保育のクラスで遊んでいたモモコは，夕方になると職員室を覗きに来た。担任のサオリ先生の姿を見るとモモコは，「サオリ先生！モモちゃんね，お兄ちゃんになったから長くなった！」と叫んだ。サオリ先生はすぐにモモコのところに近づき，「よかったね。モモちゃん，背も伸びてお姉ちゃんになったね」と答えた。

モモコは，一人でトイレに行けるようになるのにも，友達と遊べるようになるのにも時間がかかる子どもであった。時間はかかるが，確実に育っているモモコを，担任のサオリ先生はとてもうれしく思っていた。身体測定のために服を脱いだ際，いつもは脱ぎっぱなしにしていたモモコが，この日は自分でたたもうとしていた。サオリ先生はそのようなモモコの成長に喜びを感じ，計測した時に心から「背は伸びたし，体は重くなったし，お姉ちゃんになったね」と言った。自分が大きくなることに喜びを感じているモモコにその思いが伝わり，さらに大きな喜びとなったのだと考えられる。身体測定から，職員室に来るまで5～6時間ほどたっているが，この喜びは，モモコの中にしっかりと残っている。窓の外からサオリ先生の姿を見かけたモモコは，再び共に喜びを噛みしめたくなり，「お兄ちゃんになったから長くなった」と言ったのだろう。

子どもは心が動いた時に，持っている限りの語を駆使して，精一杯表現しようとする。サオリ先生にはそれがわかっている。だからこそ，「お兄ちゃん」の間違いを正すのではなく「よかったね。モモちゃん，背も伸びてお姉ちゃんになったね」と，モモコの気持ちに感動しながら言葉を添えたのだと考えられる。保育者は，言語能力を高めるためにHow to式に単語や言葉の使い方を教えるのではなく，生活や遊びの中で気持ちを共にすることを大切にし，その表現を支える。子どもは，保育者がその子なりの表現を受け止め，共に心を動かしてくれたことに満足する。だからこそ，そこから表現方法を学び，言葉を豊かにしていくのだと考える。

事例7-2　**「ラーメン食べに行く？」　3歳児　10月**

3歳児のケイは，自分の思い通りにことが進まないと大声で泣いたり，周りの人を叩いたりすることが多かった。クラスの中には，ケイとは一緒に遊びたくないと言い出す子どももいた。トモオは，ケイのことが気に障るらしく，度々ケイのことを大きな声で怒ったり，手をあげたりしていた。

ある日，お弁当を食べている時に，ケイがいるグループから弾んだ声が聞こえてきた。

ケイ「ラーメン美味しいね～」（ケイのお弁当はラーメンではないのだが）
ナオユキ「ケイ君，ラーメン好き？」
ケイ「好き」
サトシ「僕も好き」
ケイ「食べに行く」
サトシ「一緒に行く？」
ケイ「一緒に行く」
ナオユキ「ぼくも一緒に行く！」
ケイ「ラーメン，ゴンちゃんラーメン（ケイの家の近くのラーメン店の名前）」（みんなケラケラ笑う）
ナオユキ「ゴンちゃんラーメン美味しい？」
ケイ「美味しい」
サトシ「美味しいよね」
ナオユキ「美味しいよね」
ケイ「ゴンちゃんラーメン，にぼし味」（みんなケラケラ笑う）
トモオ「ケイちゃん，ラーメン好きだよね～」
ナオユキ「待ち合わせね」

このグループは男児４人のグループである。グループ替えをしたばかり，しかも犬猿の仲（？）であるケイとトモオが一緒だということもあり，少々ギクシャクしたムードが漂っていた。しかし，この日のお弁当時の会話はとても楽しそうだったため，担任の保育者は思わず書きとめた。

ケイのラーメン好きはかなりのもので，近所で評判のラーメン店の名前はほとんど覚えていた。「ゴンちゃんラーメン」という店名が，このグループのメンバーにとってとても面白い響きだったのだろう。ケイの「ゴンちゃんラーメン，にぼし味」という言葉で，ますます面白さを増した。今までは，自己主張が強い面が目立ったケイだが，「ラーメン話」をきっかけに，ケイの楽しい一面がグループのメンバーに伝わった。この後，このグループの「ラーメン話」は，２学期終わりまで続いた。ラーメンという，４人とも大好きな食べ物が話題にあがった時に，初めてこの４人の共通項が見つかったのだろう。ラーメンのイメージを４人で共有することができ，しかも，言葉の響きの面白さまで加わった。共有できるイメージかつ，面白さや興味深さなどが加わったワクワク感の共感は，相手との距離を縮め，仲間関係を育てるための大きな要因であると思われる。

この事例は，仲間関係の始まりを示すものであり，これから様々な体験を積み上げて，深い関係が築きあげられることになる。実際に，トモオのケイに対するイライラはすぐに解消されたわけではない。しかし，２学期末まで続いたこのラーメン話は，やがて「待ち合わせごっこ」へとつながり，トモオの怒りも次第に薄れていった。イメージのやりとりが，子どもたちの関係に大きく影響することが読み取れるエピソードである。

3．言葉遊びや劇的表現を支える

事例7-3　♪トッテン　チッテン♪　5歳児　12月

５歳児クラスで「トッテンチッテン」[1]という歌を歌った。１番，２番を歌ったところで，「ねえ，３番は？」という声が上がった。担任のマミ先生は「この歌は１番と２番で終わりなんだ」と話すと，「えー！　２番までか…」と，残念そうな声が聞こえてきた。その翌日，チカはマミ先生の顔を見るなり「先生！３番考えたよ」と言って歌いだした。♪はっぱ（葉っぱ）はっぱ　はっぱぱぱ　はっぱ　はっぱ　はっぱぱぱ　ほうきで　おじさん　はっぱをはっぱはっぱぱ♪　というものであった。マミ先生は笑いながら「それ，いいね。面白い！教えて教えて！」と言って，２人で歌いだした。それを聞きつけ，子どもたちが集まってきた。みんなで笑いながら，その歌詞を歌った。その日の降園前の集まり時に，マミ先生はチカが作った歌詞をクラスの子どもたちに伝え，全員で歌った。

チカに刺激されたようで，翌日マナブは，♪タッタッ　タッタッ　タッタタタ　タッタッ　タッタッ　タッタタタ　マラソン選手のお顔真っ赤で　タッタタッタタ♪　という歌詞を考えてきた。その後このクラスでは，「トッテン　チッテン」の３番は当然のようにチカの作った歌詞，４番はマナブの作った歌詞が歌われるようになった。

その後も，何人もの子どもが歌詞を考え，このクラスにとっての「トッテン　チッテン」は，何番もある長い歌になったそうである。マミ先生は，「歌の追いかけっこ」，つまり輪唱をしようというねらいで♪トッテン チッテン♪を子どもに紹介した。しかし，子どもたちはこの曲のリズムとメロディーに乗せた「歌詞」の面白さに興味をもった。チカは秋に幼稚園の園庭や，近所に降り積もる枯葉を思い出し，この歌詞を思いついたのだろう。この，言葉遊びのような歌詞作りは，歌う楽しさや歌うことの気持ちよさを感じているからこそ生まれた遊びだと考えられる。普段から子どものつぶやきや気持ちを大切にするマミ先生は，すぐに子どもの興味を感じ取り，一緒に楽しみ，それをクラスに紹介した。そして，この遊びがチカだけに留まらず，クラス中の遊びへと発展した。当初のねらいであった「輪唱」ということよりも，子どもたちの興味が「歌詞作り」に向いた際，それに対応できる保育者の柔軟な姿勢があったからこその遊びだといえるだろう。ちなみに，マナブの母親は地域の駅伝大会に出るために，毎朝ジョギングをしているそうである。

「歌詞作り」遊びを通して，子どもたちは言葉の面白さを味わいながら，自然に自分の体験で見たこと感じたことを表現する力や感性を養っている。自分の表現を受け止めてくれる保育者や共有する仲間がいることで，この遊びがクラス全員の言葉にかかわる豊かな体験になったと考えられる。

事例7-4　サカサマコトバハ　マホウノコトバ　4歳児　1月

このクラスでは，２学期末ころから廃材を使った楽器を作る子どもが増えてきた。楽器を作っては，歌を歌いながら叩いてリズムを取っている。そこから担任のサトミ先生は，３学期には「音探し」をして遊ぶことを計画していた。それが，２月末に控えている生活発表会につながることを期待していたのだ。空き箱・ペットボトル・空き缶・フィルムケース・ゼリーカップなどをたくさん用意し「音探し」を始めた時に，ヒデオが新聞紙を持ってきた。「これも音する？」ヒデオの言葉に，サトミ先生も子どもたちと一緒に新聞紙を丸めたり破いたりして遊びだした。ユウタが「ねえ，『しんぶんし』って，反対に読んでも『しんぶんし』なんだよ」と，言い出した。はじめは，何を言われているのかわからずに，キョトンとしている子どももいた。ユウタは「先生，『しんぶんし』って書いて」と言う。サトミ先生が紙に「しんぶんし」と書くと，ユウタはそれを指でなぞりながら「し・ん・ぶ・ん・し」と声に出し，次に逆から指をさして「し・ん・ぶ・ん・し，ね?!」と，得意そうな顔をした。「知ってるー！」という子どももいたが，中には「本当だ！」と驚いている子どももいた。ミユキが「『ママ』もそうだよ」と言う。「『パパ』だって！」という声も上がる。「わかった！『ばなな』！」「えー，『ばなな』は…『ななば』だから違うよ」などという声があちらこちらから聞こえてくる。次第に「音探し」ごっこは下火になり，子どもたちは「逆さま言葉探し」に夢中になっていった。家族（特に兄，姉）に聞いてきたり，本から見つけ出したりして，逆さま言葉が続々と集まった。トマト・みなみ（南）・おしお（お塩）・きつつき・たけやぶやけた・だんすがすんだ（ダンスが済んだ）・ちち（父）・はは（母）・おかお（お顔），などである。中には「ないな（無いな）」，「うどんどう（ウドンどう？）」などという面白いものもあった。また，「そばのそば」があがった時は，聞いていたサトミ先生も「よく思いついたね！」と思わず叫んだが，紙に「そばのそば」と書いて逆さまから読み，違うことに気づき，「残念！」と，子どもたちと一緒に大笑いとなった。

はじめにヒデオが新聞紙を持ってきたのは，「音探し」のためであった。しかし，ユウタの「ねえ，『しんぶんし』って，反対に読んでも『しんぶんし』なんだよ」という言葉で，「音探し」が「逆さま言葉探し」に代わった。はじめのうちは，回文の意味がわからずに，「トマト」という発言を聞いた子どもが「きゅうり」と言ったり，友達に「違う」と言われて泣きべそをかいたりもした。しかし，２～３週間「逆さま言葉探し」に夢中になっている間に，みんなが「回文」のしくみを理解していった。一人の子どもの興味が，みんなに広がった。仲間に刺激を受けているといえるだろう。また，文字が書ける子どもと書けない子どもがいたが，この遊びで「書いて確かめる」という行為も生まれた。保育者に頼んだり，書ける子どもに頼んだりしながら「字を書く」「字を読む」ということを，その子なりに体験することとなった。無理に文字を教えるのではなく，このような遊びによって，文字に出会い，興味や関心をもつことが重要なのだと思われる。また，事例のような遊びを通して，自然と言葉への興味が生まれ，日本語の面白さや不思議さ，そして言葉に対する感覚の育ちにつながるのではないだろうか。サトミ先生と隣のクラス（同じく年中）のナオコ先生は，計画していた「音探し」をやめ，生活発表会の遊びを「サカサマコトバハ　マホウノコトバ」という演目で，太鼓のリズムに乗せて回文を唱える遊びに変更したそうである。

事例7-5　「『困った』って言ってよ！」　5歳児　2月

カオリは言葉数が少なく，５歳児クラスの中でも幼い印象を受ける女児である。このクラスは活発な子どもが多く，その中でカオリは何をする時も友達の後ろから付いていくことが多かった。

３学期になり，子どもからの提案で，卒園前に劇をすることになった。何十冊も本を読み，『わっしょい　わっしょい　ぶんぶんぶん』[2]という絵本を劇にすることになった。

この話の中に，音楽好きの人たちが悪魔に楽器などを取られて途方にくれるシーンが何度か出てくる。子どもたちは「困ったな」「困ったな」と口々に言いながらウロウロすることで，楽器を取られた人々を表現していた。カオリだけは，何も言わずに下を見て歩き回っていた。ある日，劇をしている途中で，トモコが「ちょっと，カオリちゃん『困ったな』って言うんだよ」と言った。そう言われるとカオリは，ますます口を開かなくなった。トモコは「『困ったな』って言わないと，困っているかどうかわからないじゃない！」と言う。すると，それを聞いていたアキコが「いいんだよ。『困ったな』って言わなくたって」と言う。しかしトモコは「『困ったな』って言わないとわかんないよ！」を繰り返す。次第に「お客さんだって呼ぶんだよ！」「そんなのわかんないじゃない！」と，エスカレートしていく。カオリは下を向いて無言でいる。アキコは「ちょっと，そんなに言うからカオリちゃん困ちゃったじゃない！」と言う。トモコは一瞬「あれ？」というような表情をするが，黙ってその場を離れる。アキコはカオリの肩をポンポンとたたき，その場を離れる。しばらくするとカオリは顔を上げ，劇の中に戻り，やはり下を向いてウロウロする人の役を演じていた。

この事例は，筆者が担任したクラスの様子である。筆者はこれまで，保育者が台本作りから始める劇や，子どもたちが台詞（せりふ）を考え，台詞が出来上がってから動き始めるなど，様々な劇の作り方をしてきた。しかし台詞が決まっていることで，「台詞を言わなければならない」ということにとらわれ，自由に体を動かすことができない，そこに身を置くことができないという子どもが何人もいた。幼稚園での劇は，家族に観に来てもらうことが多い。担任である私は，家の人の評価が気になり，どうしてもうまく見せようとしてしまいがちであった。しかし，その思いが強ければ強いほど，劇に参加しない子どもが生まれてくる。楽しいはずの劇が，筆者の縛りによって苦しいものになっていたのだろう。

しかし，この場面に出合った時に，目からうろこが落ちたような気持ちがした。楽器を取られる役は何人もいたため，私はカオリが「困ったな」と言葉にしなくても気にしていなかった。しかし，この役がカオリ一人だったとしたら，私もトモコと同じようにカオリに対して「『困ったな』って言ってみたら」と言ってしまったかもしれない。アキコにはカオリが「困っている」ことを懸命に表現していることがわかっていたのだろう。「台詞を言うことだけが表現なのではない」と，アキコとカオリに教えられたような気持ちがする。トモコもまた，アキコの「そんなに言うからカオリちゃん困ちゃったじゃない！」という言葉と，うつむくカオリの姿をみることで，言葉では表現しないが実際に困っているカオリを目の当たりにし，自分の意見が間違っていることに気がついたのだろう。筆者は，気づいたトモコからもまた，大切なことを教わった。

子どもたちはこの劇が大好きで，連日「わっしょいする人集まれ！」と，自分たちから声をかけて遊び始めるようになった。カオリも毎日参加し，時には効果音を作り出す役をしたり，時には動物役になったりと，色々な役を楽しんだ。そして，カオリの一番のお気に入りである「楽器を取り上げられた人」を演じる時は，首をたれ，眉間にしわを寄せ，ブツブツと何かを言いながら歩き回るようになった。回を重ねるたびに，困った人の表現に磨きがかかってきた。

幼児にとって劇は，言葉に出して台詞を言うことが大切なのではなく，子どもが自分から，身体で表現したくなるような思いをすることが大切なのである。そして，繰り返し楽しんでいくうちに，自然と自分なりの表現ができていくのだろう。心が動き，表現したくなる気持ちが満ちた時に，初めて全身から言葉が生まれるてくることを知らされた出来事であった。

4．気持ちが伴う豊かな言葉の育ち

言葉の発達は，仲間や保育者との関係と相互関係にある。仲間との豊かな生活の中で刺激し合い，表現したくなる気持ちが高まり，保育者に支えられながら自分なりの表現が生まれ育っていく。そしてまた，表現し合い受け止め合うことで，更に仲間関係を深めていく。

現代人が苦手だといわれるコミュニケーション力を培うためにも，保育の場での「遊び」と，「遊びによって育つ表現，言葉」を大切にし，日本語の美しさや感覚，気持ちの伴う豊かな言葉の育ちを目指していきたいと考える。

まとめの課題

1．幼稚園や保育所，幼保連携型認定こども園での生活や遊びが，子どもの言葉の発達にどのような影響を与えているのか，話し合ってみよう。
2．劇を楽しいものにするためには，保育者はどのような環境を準備すればよいのか，どのように援助することができるか，具体的な内容をあげて話し合ってみよう。
3．言葉遊びの本を探し，仲間と共に遊んでみよう。

引用文献

1）「トッテンチッテン」 作詞・作曲：不明
歌い継がれる曲のため，曲名，歌詞，メロディーは地域や時代によって異なる。以下に，事例に上げた幼稚園で歌われている歌詞を記す。

トッテンチッテン
①トッテンチッテンカンカンカン
トッテンチッテンカンカンカン
鍛冶屋（かじや）のおじさん真っ黒けでトッテンチッテンカン
②ガッタンゴットンスットントン
ガッタンゴットンスットントン
粉屋（こなや）のおじさん真っ白けでガッタンスットントン

2）かこさとし：わっしょいわっしょいぶんぶんぶん（かこさとしおはなしのほん3），偕成社，1982.

第8章 言葉で考える意欲の育ちを支える

予習課題

子どもが自分なりに言葉を使って考えていると思った場面のエピソードをひとつ思い出して，記録としてまとめてみよう。

また，そこで子どもは何を考えているか，なぜそう思うのかを話し合ってみよう。

1．自分の言葉を育てる

子どもが言葉で考える力を育てていくためには，重要な段階がいくつもある。語彙が多く，大人と同じような言葉を使える子どもが，「言葉で考える力」をもっているかといえば，そう簡単なものではない。現在，大人が驚くような難しい言葉をたくさん知っている子どもたちが，友達の思いに気づけなかったり，友達の思いを受け止めながら話し合いを進められない場面をよく見かける。

言葉で考える力が育つためには，子どもが経験すべき言葉の発達の道すじがある。ここでは，言葉で考えるための道すじについて考えてみたい。

「言葉で考える」という意味には，「自分で考える」ということが含まれている。自分で考えるためには，考えるための言葉をもち，それを扱うことができる力が必要である。そのためには子どもが，自分なりの言葉を，場面に応じて主体的に繰り返し使う経験をしていることが重要である。

一語発話の時期に，大人が使っている言葉の意味を理解しながらも，あえて手持ちの数語の単語を「自分なり」に考えて使用する時期があることは本書第2章や第4章ですでに見てきた。「自分なり」の言葉を使用することは，大人から見れば「間違い」と捉えやすい。しかし，子どもが使う言葉にじっくりと耳を傾け，子どもが何を読み取り，どのような文脈で言葉を使用しているかがわかると，子どもなりの意味の解釈のまとまりがあって，言葉が使われていることがわかり，子どもが自分で考えて言葉を使いはじめた姿であると認めることができる。

自分との関係で周りの世界を意味づけながら，子どもなりの考えをもって言葉を使用している姿は多くの場面で見られる。

事例8-1　「さんぽ　いこっか」　2歳4か月児

新幹線の通路を，父に手をひかれたアキが，「さんぽいこっか」「さんぽいこっか」とうれしそうに父親の顔を見てあいづちをうちながら歩いていく。新幹線は，ゆるやかに揺れていて，アキは体を少し傾けながら，また「さんぽいこっか」とうれしそうに言う。

この事例は，新幹線のイスに座り，しばらくの間移動できなかったアキが，父親に手を引かれ，新幹線の通路を歩いている時の言葉である。アキは席を離れ，解放されたように感じたのだろう。解放された感覚と父親に手を引かれゆっくりと身体が揺れる動きが連動し，それはアキが今までに経験してきた「さんぽ」の状況にぴったり合致して，「さんぽ　いこっか」という言葉が出たのだと思われる。新幹線の通路を歩くことが「さんぽ」という表現で適切であるかどうかは別にして，子どもなりに，状況を理解し，意味づけ，自分なりに一番ふさわしいと考えた言葉を発していることを認めていきたい。

事例8-2　「あめ　ふってるね」　1歳10か月児

ケンタが，雨が吹きこむ屋外の廊下を母親に手を引かれ歩いていると，突然雨に右手を差し出し，ゆっくりとした言い回しで「あめ　ふってるね」と言う。

そして再び母親に手を引かれ，よちよちと歩く。

雨という自然の現象は，子どもにとって刺激的であり，子どもは母親に言葉で伝えたかったのであろう。子どもは雨に手を差し伸ばして，雨を身体で感じながら，おそらく母親かだれか身近な人が使っていた言葉を溜め込み，その言葉を発した。しかもケンタの言葉は，自然の現象を味わうようなゆっくりとしたリズムであった。ケンタは雨を，手を差し出して体験しながら，状況にぴったりの言葉を発し，自分の言葉を蓄えていく。

2．身体や体験を通じて自分の言葉を獲得する

1歳後半になると子どもはいわゆる第一質問期に入る。2歳前後の語彙が増えていく時期と呼応する第一質問期には，「これは？」「これは？」と何度も繰り返し質問する姿が見られる。

事例8-3　「これは？」　2歳1か月児

遊びの広場に来ていたユウヤは，遊具やおもちゃを見つけて，母親に「これは？」「これは？」「これは？」と繰り返し聞く。そのたびに母親は「でんわよ」「おうま」などと答える。さっき尋ねた電話を指さし「これは？」と聞くと，母親は再び「でんわ」と言う。

何度も繰り返して，「これは？」と尋ねる子どもに対して，大人は時にはイライラすることもあるだろう。しかし，子どもは何度も繰り返しながら，言葉の機能を理解しているように見える。

このようなやりとりや周りの人たちの言葉を溜め込みながら，子どもは子どもなりに，その場面にふさわしいと思う言葉を選択し，自分のやり方でその言葉を使用する。次の2つの事例からは，自分なりのやり方で言葉を使う子どもの姿が読み取れる。

事例8-4　「でんわ，でんわ」　1歳9か月児

コウスケが，使えなくなった古い電話で遊んでいる。プッシュホンを押しながら，受話器を耳に当てたりして，しばらく触って遊んでいる。母親が時々相手になって「もしもし」と言うが，それには何も答えない。電話で遊ぶのをやめて，屋内のすべり台で遊び，何周か走り回った後，電話の前に来て，「でんわ，でんわ」と大きな声で言う。

事例8-5　「でんしゃ，でんしゃ」　1歳10か月児

電車のホームで，母親が「電車いっぱい走ってるね」など色々と話しかけるが，コウスケは関心がないようで何も言わずにいる。山手線の電車が入ってくると，それを見つけたコウスケは「でんしゃ，でんしゃ」とうれしそうに言う。

子どもにとって，身体と言葉は切り離せない。つぎの2つの事例は，自分の身体の大きさと比べながら，周りのものを意味づけていく姿である。

事例8-6　「おおちい　こっち」　2歳3か月児

プレイルームにある色々な遊具やおもちゃを触りながら，シュンは，「おおちい。　おおちい　こっち」と言う。ついたてを触って，「おおちい　こっち」，（実際にはシュンよりも少し小さいが）大きなゴリラのぬいぐるみを触って「おおちい」と言う。シュンから見て「おおきい」と感じられるものを触りながら，「おおちい（大きい）」と繰り返して言う。

必ず自分の身体で触りながら「おおきい」ものに「おおちい」と命名していく。

事例8-7　「いっしょ」　2歳8か月児

エレベータに乗っていたヒロシが，突然，やや小さめのエレベーターの左右にある補助手すりを両手をいっぱいに広げてつかもうとする。両方の手で手すりを触りながら，「いっしょ」と言う。母親が「あら，ヒロくんと一緒ね」と言うと，うれしそうに両手をいっぱいに広げる。

子どもは自分の身体を手がかりに，自分の周りにあるものを言葉で表現していく。このような身体と結びついた言葉は，子どもの言葉として内面化され，それにふさわしい場面で子どもが自ら考えて使う言葉となる。

事例8-8　「いっしょ」「しょ，しょ，しょ」　2歳3か月児

乗り物が大好きなノボルは，バスに乗りながら（道路を車が走るのを見て）「いっしょ」と言う。祖母が，「一緒。トラック，一緒ね」と言うと，「いっしょ」は大きな声で言い，小さな声で「トラック」と言う。また通り過ぎる車を見て「いっしょ」「いっしょ」と言うと，祖母が「一緒。タクシー，一緒」と言う。するとノボルは，「いっしょ」は大きな声で「タク（チ）ー」は小さな声で言う。トラック，タクシーなどが通り過ぎるのを見て，「いっしょ」と言うが，祖母が踏切で電車が通るのを見て「電車。ノボ君，電車」と言うが，それには「いっしょ」とは答えず，行き過ぎる車を繰り返し「いっしょ，いっしょ」と言う。祖母が「赤いブーブ」と言うと，「いっしょ」と言う。そしてしばらくして「しょ，しょ，しょ」と車の行き過ぎる速いスピードに合わせて言うようになる。

身体と結びついて言葉を獲得していくとともに，それぞれに異なる車を分類したりまとめていくというような概念的な言葉の使用を経験しながら，子どもは自分で使える言葉を増やしていく。子どもは，具体的で現実的な生活場面で言葉を使用することを体験しながら，徐々に具体的で現実的な場面を離れた場面でも言葉を使用できるようになり，やがて言葉で思考していく力をもつようになるといえる。

3．自分なりのペースで考える

子どもは言葉を獲得しながら，同時に，言葉で考える力を育くんでいる。大人が考えるような論理的な言葉で思考するというよりも，子どもなりのペースで考える力を育てていく。

3歳児になると，理由を含めて，言葉で状況を説明しようとしはじめる。状況を整理して話そうとする思いと，自分が経験したことを伝えたい気持ちが溢れる場面では，「よどみ」といわれる現象が見られたり，言葉がつまって発話されることもある。

事例8-9　「えーとね，ひまわりのね，みどりの，あのね…」 3歳10か月児

フミオが走ってきて，「えーと，ひまわりのね，みどりの，あのね，えーとね，かまきりがさ，えっと，みどりのね，おしり，おしりからえっとね，黒いね，なんだろう，えっとね。あのね…」

死んだ大きなカマキリのお尻から黒いものがでるのを見たフミオが，先生にそのことを伝えようと走ってきた。昆虫が大好きなフミオにとって，不思議で驚く発見であった。そのことを伝えようと一生懸命なのだが，「えーと」「えーとね」「えっとね」と言う。接続の言葉のみがたくさん発せられ，なかなか言おうとしていることが伝わらない。

フミオは自分が見た光景を整理し，順序立てて話そうとしているが，伝えたいことで心がいっぱいになり，接続の言葉だけが耳に残る状態であった。

この時期，大人は「なに？　どうしたの？　言ってごらん」といった対応になったり，「それはカマキリから黒い虫が出たのよ。それを見てびっくりしたんだね」と先に言葉を読み取り，代わりに言葉にして伝えてしまいがちであるが，フミオは状況を自分の言葉で整理し，「えっとね，あのね」といった接続の言葉を使いながら，自分の力で言葉にして伝えようとしている。自分の言葉で最後まで話して伝わることは，子どもにとって何よりもうれしいことであり，自分で考えて言葉を使う意欲につながることを考えるならば，ゆっくりとした気持ちでフミオのペースを見守ることが必要だろう。なぜなら，子どもは自分なりのペースで考える力を育てていくからである。例えば「それで」や「そう，○○が…」と子どもが言ったことを繰り返しながら，自分の力で話せるように，子どもの話をよく聞き，話しやすい環境を整えることが大切である。

事例8-10は，言葉で自分の気持ちを切り替え，整理しようとしている子どもの事例である。自分の遊びたい思いと帰らなければならない葛藤を前に，何度も何度も繰り返し言葉を発している姿である。

事例8-10　「お母さんが靴をはいたら帰る」　3歳4か月児

ハルミと母親は昼食のために遊びの広場から帰ろうとしている。ハルミは，「まだ帰らない」「いやだ。帰らない」と言う。母親が「お昼だから帰ろう」と言うと，「いやだ」「帰らない」を繰り返す。「お昼よ。いっぱい遊んだでしょ」という誘いに，「もうちょっとだけ」「もう一回遊んだら」，そして，「このパズルが入ったら，おしまいにする」「本を片付けたら」と色々な理由を言いながら，しぶしぶではあるが徐々に出入口に近づき，最後に「お母さんが靴をはいたら帰る」と言いだす。

ハルミはそれまでなかなか自分の気持ちが切り替えられず，地面に伏して泣き叫ぶことも多かった。遊びの広場にいられるように次々に長々と繰り返して発せられる言葉を前に，大人は，うんざりする時もあるだろう。しかしハルミの言葉をよく聞いてみると，「○○したら…○○する」というように言葉で場面を設定しながら，自分なりに自分の気持ちに収まりがつくように自ら導いている姿が見える。「○○するのよ」と大人の強い言葉で自分の気持ちを抑えたり，たち切られる経験と，繰り返しながら時間をかけて言葉によって自分なりに気持ちに区切りをつけようとする経験には，大きな違いがある。子どもは子どもなりのペースでゆっくりと言葉で自分を調整する力を育てていく。

4．一人で考える

事例8-11　「もうすぐしゅっぱつできますから」　2歳8か月児

2歳8か月のユキナが，母親と一緒に座って電車をレールに乗せて遊んでいた。しばらくするとユキナは母親に背を向けて1人で電車遊びに夢中になっていた。ユキナはレールに電車を乗せて「はっしゃーオーライ」と言い，「がたんがたん」「ストップ」「とまります」と言う。「すこしまっててください」「もうすぐしゅっぱつできますから」と独り言が続く。

イメージをもって1人遊びをしているユキナは，状況を的確に示す言葉を次々に使っている。この独語は，他者の反応を期待しない言葉である。

ヴィゴツキーは，言葉は社会的な伝達の手段として獲得されるが，５・６歳の自己中心語が多い時期に，一方は引き続いて他者に向けられる伝達の手段である「外言」として洗練され，一方は自分自身の思考の手段である「内言」として，自分の内部に向けられる言葉になると述べている。幼児期の独語は，外言が内言へと移行する過渡的な段階に位置する。音声を伴い言語化されるという意味で「外言」の要素を残し，自分に向けられた言葉であるという意味で「内言」でもある。独語は成長して大人になると，音声を伴わず頭の中の言葉として個人の内部に収まっていく。

子どもが，独語を使う場面を見ていると，少なからず子どもの心の動きや考えを捉えることができる。

４歳のヨウコが，パズル遊びをしている事例である。数分の間にヨウコが発した言葉は次のようであった。

事例8-12　パズル遊びの独語　４歳児

１つパズルを取り上げて「ここはこれかな？」「ちがう」「入らないな」，別のパズルを取り上げて「これかな？」「うーん，ちがう，ちがう」「入らない」，パズルを置く板をながめて「むずかしい」「うーん」「むずかしいんだよね」（やり方を変えて）「こうしてみようか」「ちがうな」（顔の絵がかいてある分かりやすいパズルを持って）「ここはこれで…」「ここはこれ」（絵があいまいなパズルを持って）「ちがうちがう」「あーだめだ」「できない」机のパズルをぐちゃぐちゃにして「できない」「もうやだー」，（思い直したように）「だいじょうぶ」「ひっくりかえして」「はんたいにしてみよ」「おーはいった」「できるできる」「そうして」「これはこう」「そうそう」「じょうず」「ちがう」「これは？」「そうそう」「できるできる」「あとすこし」「がんばれ」「これを入れて」「おしまい」「できた」「すごい」「すごいよ」「ぱちぱち」。

独語では，「むずかしい」「ちがうな」など状況を整理して判断する言葉や「だいじょうぶ」「できるできる」など自分を励まし，立ち直ろうとしたり，「じょうず」「すごい」と自分を認める言葉がたくさん出ている。気持ちや状況を言葉で整理し，自分を立て直したり，状況を認識し次にどのような行為をとるかを言葉を使って考えている。

独語を見ていると，幼児期までに豊かな言葉に接し，自分を認めたり支える言葉を子ども自身が獲得しておくことが重要であることがわかる。生涯にわたって自己を肯定的に捉え認めていく上でも，幼児期の言葉の環境はとても大切である。

5．友達と考える・みんなで考える

集団生活の中で友達との遊びが展開されるようになると，仲のよい友達同士やクラスのみんなと一緒に考える場面が見られるようになる。

事例8-13　砂場遊び　4歳児

数人の子どもが砂場に山を掘り，トンネルをつくっている。「トンネルつなげる？」「こっちから，○○はそっち」「トンネルを下につけるんだよね」「そう。こうやって掘るといい」とスコップを持ってきたハルキがスコップを回転させながらトンネルを掘る。トンネルが崩れそうになると「水でかためたらいいんじゃない？」とカズヤが言う。「水か。そうしよう」とヨシキとマサルが同意する。ヨシキが「水をはこべ」「もっと，もっと」と言う。水を運んできて山に流すと「だめだよ，入れすぎだよ」とハルキに言われ，ヨシキは「そっか。そうだよね」と言い，山をシャベルで固めはじめた。「よし，そんな感じ」「OK」とヨシキは言う。「（トンネルの下に）ここにトイを置いて，水流そう。そうしたらダムになるんだよね」と次にダムづくりが始まった。

事例8-14　宝鬼の作戦会議　5歳児

５歳児が男女２チームに分かれて宝鬼ゲームをすることになった。すると男児が集まって作戦会議を始めた。「○○が前で」「△△が隠れろ」とリーダー的なタクヤが言うと，「ようし，そしたら俺は○○と一緒にウサギ小屋の後ろに隠れるから」「つかまったら助けてくれな」と言う。するとタイキが（小さな声で）「あそこもいいぜ」とすべり台の下をシュウに教える。「あそこはだめ，前見つかったから」とシュウが言う。タイキが「よし，わかった」と言う。シュウが「（女の子チームの）○○はいつも走るの速いから気をつけようなと言う。

「先につかまえればいいんじゃない」「絶対，○○にタッチしよう」みんなが「わかった」と言う。「がんばろうな」「うん」「絶対勝とうな」とみんなで言う。

言葉で考える力を育てるには，自分で考えることと同時に他者に意見を提案したり，他者の意見を受け入れたり，他者との意見の違いを修正したり訂正したりする経験が必要となる。子どもは遊びながら，遊ぶ行為の中で様々な言葉の働きを理解していく。事例8-13では，遊びのもつ楽しい動きが具体的な言葉のやりとりをスムーズにし，友達が伝える言葉を受け入れたり自分の動きを言葉と共に修正しようとする。また事例8-14のように5歳児になると，過去に経験したことを言葉にして，未来にするべき行動を計画したり提案できるようになる。同時に様々な意見を受け入れながら自分の行動を考え言葉にすることはかなり高度なことであるが，みんなで遊ぶためには自ら進んで言葉で考え，自分の気持ちを収めることも積極的に行う。

一緒に過ごし，ぶつかり合うからこそ，みんなで考え，新しい意見やアイデアが生まれるということを，子どもがポジティブな体験として感じられるように配慮することが大切である。

6．文字で考える

5・6歳にもなると，子どもはひらがなを中心に文字を読むことができるようになる。一方，書き言葉の習得は就学以降といわれるが，3・4歳の子どもも正確な文字とはいえない文字を使って，手紙やお店屋の看板を書いたり，数字を書いてお金をつくったりもする。

文字を書くことも模倣から始まる。子どもたちは，文字を書く親や保育者や友達の姿に刺激を受けて，文字を書き始める。書きたい思いが先にあり，もちろん最初に書かれたものは，文字らしきものであったり，鏡文字が多く含まれたりする。ここでもまずは自分なりの文字が先に成立する。

事例8-15　運動会のプログラム　5歳児

小学校の運動会を見てきた5歳児が，プレイルームで運動会ごっこを始めた。跳び箱を並べ，柱を渡し，コースをつくりはじめた。ユウコが，ペンと紙を持ってきて，プログラムを書きはじめた。順番を思い出しているようで，書いたり消したりしてプログラムをつくっている。そして，プログラムを読みながら，「はじめのことばをいいます」「これから運動会を始めます」と言う。「次は○○です」「準備してください」とプログラムの順番に従い，遊びが進められた。

文字そのものは正確ではないが，自分たちが体験した小学校の運動会を順序を立てて整理し，今からどのように遊ぶかを考えながらプログラムを作成し計画を立てている。書くという作業を通して，自分自身の体験がしっかりと意識され理解されている。

日常生活の中で子どもの必要感に基づく体験を大切にし，文字に対して自然な形で子どもの興味，関心や意欲が養われるようにしたい。

まとめの課題

1．この章では，様々な事例を通して子どもがどのように言葉で考えようとしているかを学んできた。その学びをふまえ，子どもが言葉で考えていると思われる場面を取り上げ，記録にまとめ，最初の課題のエピソードをまとめたときと，どこが違っているかを考えてみよう。
2．子どもが言葉で考えを深めるために，保育者はどのような言葉がけや配慮をしているのか，記録にまとめよう。

参考文献

1）岡本夏木：子どもとことば，岩波新書，1982.
2）岡本夏木：幼児期—子どもは世界をどうつかむか—，岩波新書，2005.
3）高杉自子・戸田雅美編：新訂　幼児教育法シリーズ言葉，東京書籍，2000.
4）内田伸子：子どもの文章，東京大学出版会，1990.
5）岡本夏木他鑑修：発達心理学辞典，ミネルヴァ書房，p.77，2005.

Ⅱ．言葉の育ちを支える保育の実際

第9章 言葉でのかかわりに配慮を要する子ども

予習課題

実習で，外国籍の子どもや，言葉についての障害のある子どもに出会っただろうか。その事例を持ち寄り，この章の内容を参考にしながら話し合ってみよう。

1．ある実習生の姿から

ある学生から保育所実習に行く前，「言葉でのかかわりがもちにくい0～2歳児クラスでの実習が不安で，できれば言葉でのかかわりが比較的容易な3～5歳児クラスの実習に入りたい」という内容の相談があった。この学生の不安は私たちがいかに日常言葉というものに頼って生活を営んでいるかを物語るものであろう。

この学生は実習期間中1歳児と2歳児クラスを中心に入り，無事実習を終えた。実習後，学生と話す機会があり，私が「どうだった？　子どもたちとかかわりがもてた？」と聞くと，「最初は子どもが何を言っているのかわからなかったんですけど，やっぱりそれじゃ辛くて…。それで毎日子どもの表情を見て何を言おうとしているか一所懸命わかろうとしているうちに，何となくだけど，その子が言おうとしていることがわかるようになってきたんです！　2週間の間に，子どもも徐々に話せるようになったりして，最後の方にはこの子が何を言おうとしているか理解できた，という実感が持ててとてもうれしかったです！」とのことで，実習前とはまったく異なったいきいきとした表情で話してくれた。この学生にとって，言葉でのかかわりが難しい場面に出会うことは初めての経験であった。不安も大きかったはずである。しかし，そんな学生も実習後には子どもを理解できた，という実感をもって戻ってきた。

言葉によるかかわりがもちにくいのは乳児だけではない。外国籍の子どもや言葉についての障害のある子どものように，日常私たちが用いている言葉でのかかわりがもちにくい子どもが，幼稚園や保育所，認定こども園に通うケースが年々増えてきている。

そこで本章では，言葉でのかかわりがもちにくく配慮を要する子どもとのかかわりにおいて，何を大切にしていったらよいのか，について事例をもとに考えてみたい。

2．外国籍の子ども

（1）ある新人保育者の悩み

事例９-１は，幼稚園に勤めたばかりの保育者の悩みをつづったものである。事例を読んで，この担任保育者の立場だとしたら，何を考えどのような対応を図るだろうか，考えてみよう。

事例９-１　言葉が通じない　４歳児

４月に幼稚園に入園してきたフィリピン出身のアキは，日本語がほとんど通じない。アキは朝の会，帰りの会の時間になると集まらず，ずっと１人で遊んでいる。担任は当初，できるだけ制限を設けずにアキのしたいことを見守っていたが，他の子どもが段々とアキのことを「集まりの時間になっても集まらないヘンな子」という目で見るようになってきた。担任はそうしたクラスの雰囲気を察し，朝の会や帰りの会に参加するよう誘いかけるようにしたが，アキはかえって嫌がってしまい，ますます集まりを避けるようになっていった。どうしたらアキが皆と一緒に集まることができるようになるのか，担任は悩んでいる。

まず，アキの母国語で誘いかけてみるというかかわり方である。これは，他児もアキの母国語を覚えることにもなり，アキに対する親しみがわくと同時に，アキも他児たちに親近感を抱くことになると考えられる。

つぎは，朝の会などの集まりを「集まらなければならない時間」という雰囲気にしないことである。つまり，集まりを「楽しいもの，集まったらよいことがあるかも」という雰囲気にしていくことが大切なのである。

集まりに参加しない子どもをそのままにしておくと，「集まらなくていいんだ」という雰囲気になってしまい，集まりが成立しないという心配が起こってくる。そうすると，様々な手で子どもたちを集まりに参加させようとし，結果的に「集まらなければいけない時間」となり，集まらない子どもは「いけない子，悪い子」と見られることになってしまう。事例の場合も，集まりを「楽しいもの，集まったらよいことがあるかも」という雰囲気にすることで，アキ自身が興味を抱き，他児たちも「集まれば楽しいのに残念だね」などと思うようになり，アキに対する見方が違ってくるに違いない。

（2）初めて外国籍の子どもを受け入れる

事例9-1におけるかかわりのひとつとして，外国籍の子どもの母国語で言葉をかけてみるということをあげた。では，具体的にどのような言葉をかけるのがよいのであろうか。

事例9-2は，初めて外国籍の子どもを受け入れた幼稚園において起こった出来事である。

事例9-2　「ダメ！　ダメ！」　4歳児

韓国籍のヤン（男児）が入園してきた。この幼稚園では，外国籍の子どもを受け入れるのは初めてのことであり，ヤンも日本語でのかかわりがほとんどできなかったため，保育者たちはヤンへのかかわりに四苦八苦していた。保育者たちは，とにかくヤンにけがだけはさせないよう，ヤンが危ないことをしたら制止するのが先決と考えた。そこで保育者たちは韓国語で「～してはダメ！」という意味の「アンデー」という単語をひとまず覚え，ヤンが何か危ない行動を取ろうとした時は，「アンデー！」と声をかけるようにしていた。そうしたかかわりを見ていた周りの子どもたちは，いつしかヤンを見るたびに「アンデー！」と声をかけるようになっていた。
ある日のこと，ヤンの母親から担任に相談があった。「近ごろ，ヤンが『幼稚園に行くと，皆が僕のことダメダメ！　って言うんだ…』と言って泣くんですよ…幼稚園で何かあったんですかねえ…」

保育者たちは，ヤンにけがをさせたくない一心で「アンデー」という言葉をかけていた。また，子どもたちもその言葉をヤンとのコミュニケーションの手段として用いており，決して保育者も子どもたちも悪気があって用いたのではないが，結果的にヤンを傷つけることになってしまった。

このような場合，どうしたらよいのだろうか。ひとつには，日本語でのかかわりがもちにくい外国籍の子どもに対し，どのような言葉をかけるのか，周りの子どもへの影響も含めよく吟味することである。事例のように，子どもにけがのないよう「ダメ！」という言葉をかける必要があるのであれば，その言葉と並行しながら，聞いて心地の良い「好きだよ」や「楽しいね」などに当たる韓国の言葉をかけるようにすることである。そのことで周りの子どもは少しずつヤンの母国語を覚えるようになり，ヤンに対して「アンデー」という言葉だけをかけることはなくなるであろう。

ここで配慮しておきたいことは，外国籍の子どもたちにとって安易に日本語を覚えさせることだけが，必ずしもよいとはいえないということである。特に保護者は母国に誇りをもち，自分の子どもに母国語を忘れて欲しくないと願っていると思われる。外国籍の子どもとのかかわりにおいては，この点を理解しておく必要があるであろう。

3．障害のある子ども

「障害のある子ども」といっても，原因や程度は一人一人異なる。したがって，必ずしも障害のある子どもは言葉でのかかわりがもちにくいとはいえない。しかし，かかわりにおいて大切にしたいことは共通している。

ここでは，筆者が実際にかかわった子どもとの関係の変化を追いながら，障害のある子どもとのかかわりで大切にしたいことについて考えてみよう。

（1）「かみつき」とのたたかい

事例9-3　叱りつける

　自閉症と診断されたタクヤは，3歳児で保育所に入所してきた。タクヤは言葉によるコミュニケーションがとれず（精神年齢は1歳半と診断されていた），また多動の傾向があり，ちょっと目を離すとすぐどこかに行ってしまうので，いつも目が離せない状態であった。保育者たちが一番苦労していたのが，タクヤが起こすパニックへの対応である。タクヤは，少しの環境変化や，いやなことがあるとすぐパニックを起こし，40～50分ほど転がりながら泣き叫ぶことも多かったので，自閉症の子どもにかかわったことのない保育者たちはその対応だけで疲労困憊していた。パニックの際，いちばん気をつけなければならないのが「かみつき」である。保育者だけでなく，友達にもかみつくことがあり，「これでは，友達にけがをさせてしまうばかりでなく，怖がって誰もタクヤに寄り付かなくなってしまう…」と考えた私は，何とかかみつきをやめさせたい一心で，かみついた際にはきつく叱りつけるようにしていた。それがエスカレートし，次第にかみつくそぶりを見せただけでも叱りつけるようになっていった。その時期のタクヤと私との関係は非常に険悪なものであった。

　この時期，筆者は「かみつき」に対しては，やってはいけない行為，あるいはやめさせるべき行為として，タクヤを叱りつけている。そこには言葉でわかってもらえない，といういらだちもあり，筆者はタクヤの気持ちまで気が回っていなかった。

（2）タクヤとの苦しい日々，そして

事例9-4　受け入れる

　その後，保育所の生活に慣れてきたこともあって，次第にタクヤのパニックの時間も回数も減っていった。子どもたちもタクヤの存在を受け入れるようになってきているようで，タクヤが登所した際には「先生！　タクヤ君が来たよ！」などと伝えてくれたり，寝転がってゴロゴロしているタクヤの頭をなで

てあげたりする姿も見られた。しかし，回数は減ったものの依然としてパニック時の「かみつき」は続いており，私は「やめさせなければ」と思うと同時に，その痛みから怒りを覚えることさえあった。こちらも手をあげそうになるのを抑えるのに必死であった。「このままでは，タクヤにも，私にもストレスがかかってしまう…」そうした苦しい関係が続いていたある日のこと，いつものようにパニックを起こし，寝床でタクヤが泣き叫びながら布団を思い切り噛んでいるのを見た時，ふと「タクヤはイライラしている時や悲しい時などに，そのやり場のない気持ちを『かみつき』という行為として表現しているのかもしれない。そう考えると，友達や私にかみつくのも，嫌いな人での攻撃手段としてかみつくのではなく，イライラした気持ちを発散したいだけなのかもしれない。次からそう考えてタクヤとかかわってみよう」という思いがよぎった。

次の日もパニックになり，だっこをしている私の肩に（だっこをすると落ち着くことがあったので）またタクヤはかみついてきた。ものすごく痛かったが，先日感じたことを思い出し「タクヤ君は先生のことが嫌いでかみついているわけじゃないんだよね～。イライラしているだけなんだよね～」と語りかけた。それがタクヤに伝わったかどうかはわからない。しかし，その言葉を口に出して言ってみた時，私は自分の気持がすうっと楽になるのを感じた。

この時期，筆者は「かみつき」に対する自分の見方を変えようとしている。つまり「かみつき」を相手に対する攻撃手段ではなく，どうしようもなくイライラした気持ちのはけ口だと考え，どうにかしてタクヤとタクヤの「かみつき」を受け入れようと努めていた。

（3）笑顔でかみつき，そして卒業

事例9-5　温かな気持ち

しばらくの間，友達へのかみつきには注意しながらも，私はタクヤがかみつこうとしてきた時には，事例9-4のような語りかけを続けた。そのためか，あるいは保育所の生活に慣れたのか，確かな理由はわからないが，タクヤのパニックは日を追うごとに減っていった。しかし「かみつき」自体は依然として続いており，「タクヤく～ん」と頭をなでにきた友達に向かってかみつこうとすることもある。もちろん，そうした状況は未然に防ぐようにはしていた。ただ以前と違うのは，かみつく時のタクヤの表情が笑顔であること，そして，少なくともそうした危険な状況でもタクヤと私との関係が険悪な雰囲気になったりしなくなったことである。また，友達が必要以上にタクヤを怖がることはなくなった。そしてタクヤはそのまま卒業していった。卒業間際にはパニックもほぼ完全になくなった。困ったのは，私がだっこすると相変わらずかみついてくることであった。しかし，タクヤは私にだっこされて，うれしくてしょうがない，といった表情でかみついてくる。とても痛かったが，その一方で私は，うれしく温かな気持ちが芽生えてくるのを感じずにはいられなかった。

この時期，筆者は「かみつき」を「だっこされて気持ちいい！」あるいは「一緒にいられてうれしい！」という，どうしようもなくうれしい気持ちの発露であると考えるようになっていた。そう考えられるようになった時，いつの間にかタクヤとの関係は良好なものに変化していた。

この事例から「かみつき行為も気持ちの表現手段のひとつであり，認めるべき」と安易に結論づけることはできない。「かみつき」は，ヘタをすると相手に一生治らない傷を負わせてしまう危険な行為だからである。

それでも，私がタクヤの「かみつき」の見方を変え，それを積極的にタクヤに伝えていったことで，少なくとも周りの子どもにはそれが伝わり，同じようにタクヤに対する見方が変わっていったことは確かである。そのことで保育所が，タクヤにとって居心地のよい場所になっていったのではないだろうか。

言葉でのかかわりがもちにくい子どもに出会った時，最初は誰でも戸惑いや不安を覚える。しかし，その不安や戸惑いをそのままにせず，自分の見方を変えていき，積極的に子どもに伝えようと努めることで，周りも変わっていく。そのことで，子どもにとって幼稚園や保育所，認定こども園での生活が，無理なく居心地のよいものになっていくのである。

4．専門機関・医療機関との連携から

これまで紹介した事例は，いずれも幼稚園や保育所において保育者自身が，子どもとのかかわりに試行錯誤しながら，言葉でのかかわりがもちにくい場面に取り組んでいるものであった。しかし，こうした言葉でのかか

わりが難しい場面において，常に保育者自身の働きかけだけに頼っていると，子どもたちはもとより保育者に過度の負担がかかりかねない。専門機関や医療機関と連携することは，保育者の負担を軽減するとともに，日常の生活とは違った角度からその子どもを見ることにもなり，多面的にその子どもを見るという意味でも有効である。

子どもにとって，無理なく居心地のよい生活を保障するためにも，こうした専門機関や医療機関との連携は欠かせないものである。

ここで忘れてはならないのは，保育者は子どもとの日常のかかわりの中で，専門機関や医療機関の助言を自分なりに判断して，自ら子どもと共に生活の場をつくっていく存在だということである。それには専門機関や医療機関の助言にただ従うばかりではなく，保育者の立場から日頃の子どもの様子などを積極的に伝えていき，連携の機会をよりよいものにしていこうとする姿勢が必要になってくるのである。

まとめの課題

1．この章で取りあげたような，言葉でのかかわりに配慮が必要な子どもについて，幼稚園教育要領，保育所保育指針，幼保連携型認定こども園教育・保育要領，のそれぞれの解説は，どこにどのように触れられているか調べてみよう。
2．言葉でのかかわりに配慮が必要な子どもが，担任するクラスに在籍していた場合，他の保育者や主任，園長等と，どのように連携することが必要かグループで話し合ってみよう。

第10章 言葉を育む文化財

予習課題

1．「児童文化財」にはどのようなものが存在するのか，児童文化財の名称や用途についてノートに調べたことをまとめてみよう。またクラスでいくつかのグループをつくり，出し合ってみよう。
2．好きな日本の絵本，外国の絵本を10冊リストアップし，絵や文の作者や訳者，出版年を調べ，絵本の特徴や物語のあらすじなどをノートにまとめてみよう。
3．「紙芝居」を実際に演じてみよう。自分が演じた「紙芝居」の特徴や演じてみて考えたことをノートにまとめておこう。

1．絵本，物語，言葉遊び，アプリなど

（1）赤ちゃんに絵本を ― ブックスタート運動のはじまりと広がり ―

文部科学省『子どもの読書活動推進ホームページ』には，「読書活動は，子どもが，言葉を学び，感性を磨き，表現力を高め，創造力を豊かなものにし，人生をより深く生きる力を身に付けていく上で欠くことのできないもの」，平成12年12月の教育改革国民会議報告においても「『読み，書き，話すなど言葉の教育』を重視すべきことが提言されてる」と示されている。

日本では，2000（平成12）年に「こども読書年」が設けられ，これを機会に「子どもの読書活動の推進に関する法律」（2001年12月）が公布され

た。この法律の制定に伴い，各市町村において子どもの読書活動を推進する計画（2002年4月）が具体的に実施となった。また，赤ちゃんと母親を対象に「ブックスタート」運動がはじまり，2001（平成13）年4月に設立された「特定非営利活動法人ブックスタート支援センター（現 特定非営利活動法人ブックスタート）」では自治体による活動のサポートを行っている。こうした民間団体等と自治体は連携をとりながら全国で読書を推進し，子どもに豊かな心と言葉を育むための活動をしている。

（2）人との触れ合いの中で「お話」に出会いその楽しみを感じる

赤ちゃんはすでに母親のお腹の中にいるときから，語りかけられたり，音を聞かされたりしながら感性を身につけている。さらに赤ちゃんが誕生してからは，両親に抱かれたり，話しかけられたりしながら，親のまなざしやぬくもりを介して，次第に大人への愛着や信頼，幸福感をもつようになる。すなわち，生きるための重要なかかわりの始まりの時に，大人は言葉での語りかけをすでに行っているのである。

保育の現場で「お話」を語る場合には，ストーリーのある物語を覚えて，大人の自由な語りかけとの連続性をもちつつ，子どもたちに語って聞かせることが大切である。「お話」の中でも，覚えて語るものを，「素話（すばなし）」，「スト・・リーテリング」ということもある。声と表情だけで物語の世界を表現すると，子どもたちは，語る言葉の雰囲気や語り手の表情を感じとり，また，大人も，子どもの様子を間近で感じながら，物語の世界を共有することができる。

それは，保育者と子ども，家族と子どもという関係の中だけではない。地域の活動として展開される場合もあり，地域の人々が聞き手である子どもたちに「お話」をすることもある。いずれにしても，大人は子どもと共に，お話の世界や言葉の世界を楽しむことが大切である。地域の活動としての「お話会」などは，図書館や児童館や子育て支援センター，さらには書店などで行っている場合もあり，場所も様々である。また，名称も行う地域により，「おはなしの会」，「お話のへや」，「お話の時間」などと異なり，不定期に行われることもあれば，毎月，毎週決められた時間で行われていることもある。ときには，保育の場に地域の方が「お話会」を開催しに来てくれる場合もある。

（3）子どもの成長に欠かせない「言葉遊び」

このように幼児期の子どもは言葉を獲得しながら，また，いろいろな言葉を耳にし，あるいはまねをしながら，音の響きや美しさ，リズムの楽しさなどを感じ，言葉の感覚を豊かにしている。その感覚を豊かにするひとつに「言葉遊び」がある。言葉遊びでは，子どもたちが自発的な遊びとして楽しむことが大切である。

では，どのような「言葉遊び」があるのだろうか。表10-1に代表的な言葉遊びについてまとめている。

表10-1　代表的な言葉遊びの種類と特徴

①しりとり	言葉の最後に「ん」がつけば，負けとなるゲーム。規則性や順番の遵守や，様々な言葉に興味を覚えたり，語彙が増える。「一文字替えしりとり」，「二文字替えしりとり」など
②手遊び	子どもたちが歌いながら，身体を動かして楽しむ遊び。「じゃんけんぽい」，「おちゃらかほい」，「みかんの花」，「こぶたぬきつねこ」，「げんこつやまのたぬきさん」など
③数え歌	言葉に興味・関心をもつ。助数詞の使い方を知る遊び。「いちじく，にんじん，さんまのしっぽ・・・」，「一本でもにんじん，二足でもサンダル，三そうでもヨット・・・」など
④かるた	言葉に関心をもち，知識を身につけたりしながら，おもしろさや楽しさを味わう。「郷土かるた」，「いろはかるた」など
⑤絵描き歌	歌や言葉に合わせ，絵や図形を表現して楽しむ。「へのへのもへじ」，「コックさん」，「ドラえもんの絵描き歌」など

表10-1に掲載している他にも，様々な言葉遊びがある。みなさんは，どのような言葉遊びをしたことがあるだろう。例えば，④かるたは，お正

月のときに家族で遊んだり，保育現場で友達と遊んだり，あるいは，かるたを自作したりなどの経験もあるのではないだろうか。②手遊びは，保育現場で保育者がやっているのを見て覚えたということも多いだろう。手遊びは，音楽的な要素が注目されがちだが，あらためて考えると，言葉遊びの要素をもったものも多いことに気づかされる。なぜ，その手遊びが面白いと感じたかを振り返ると，言葉のリズムや言葉の音のつながりがその魅力になっているものも多い。

また，早口言葉（本書 第1章 p.6）や⑤絵描き歌は，子どもたちのオリジナルで作られる場合もあるが，多くは，年長者から年少者に伝えられてきたものである。「これ言える？」という挑発に乗って，早口言葉をできるだけ早く言えるようにしたり，絵描き歌を教えてもらって，何度も描いてみたという記憶が，みなさんにはあるだろうか。

近年では，少子化できょうだい関係が極端に減少したことや，ゲーム機の普及などに伴い，子どもたちが孤立化しがちになり，このような遊びの伝承がされにくくなっている。これは，経験不足や，人と人との触れ合いの中での学び合いや，活動が苦手な子どもが増えていることにつながっているといわれている。言葉遊びが保育現場の中で，年長者から年少者へと伝承する過程を大切にする保育を工夫していきたいものである。このことを通して，言葉を豊かにすることと同時に，子ども同士のつながりを深める重要な要素のひとつであることを心にとめておこう。

すでに述べたように，「言葉遊び」が，言葉の育ちや人間関係の育ちにつながることが理解できただろう。しかし，そのようによいものであるならばと，「言葉遊びの指導」を計画すると，つい一斉の形態で実践を考えてしまうかもしれない。もちろん，一斉の形態で指導してはいけないというわけではないが，「言葉遊び」は，基本は子どもの自発的な活動としての遊びであり，特に，伝承されるという側面も大きい。子どもたちが，言葉遊びを楽しむ姿を見出し，時には，保育者も仲間に加わりながら，楽しみの世界を広げていきたい。そんなやりとりが見られるのが，つぎに示す「言葉遊び」に関する2つの事例である。

事例10-1　「さ」がつく人　5歳児　6月

集まりの前の時間，まだ集まらない子どもを待ちながら，誰からともなく名前の話になった。サトシが，「ぼくさ，サトシだから「さ」がつくよ。サクラちゃんも「さ」がつくから，同じだね」と言うと，サクラがうれしそうに笑う。すると，横から「わたしもさ，アリサだから「さ」つくよ」と言う。「え～」とサトシが少し考えている。おそらく，名前の一番初めの音が「さ」をイメージしていたので，戸惑ったのだろう。すると，サクラが「一番最後に「さ」ってつくね。おんなじ「さ」だね」とサトシを納得させるように，優しく言う。「本当だ！」とサトシもうれしそう。「そういえば，マコちゃんもサトウマコだから，同じ「さ」がつく同士だね」とマコを見る。すると，名前につく音（これは文字への関心でもある）を探して一緒になると，喜び合う子どもが増えていった。

事例10-2　散歩の帰り道　4歳児　2月

近くの公園に行った帰り道，二人組になって手をつないで歩いていた。道も安全だったので，おしゃべりしながら歩いていたが，途中からカナが突然「みるく」と言う。どうやら，この帰り道にはしりとりをすることが多いらしい。すぐに，サクが「くつ」と続ける。ケンタロウが「次はぼくね，えっと，つ，つ，つ，つくえ」と言うと，ハルカが「えんぴつ」とすぐに答える。

事例10－1では，言葉の音に着目し始めた子どもたちが，「さ」という音を中心に自分たちの名前の共通点を見つけることを楽しむ遊びになっている。子どもたちの言葉に対する発見を遊びに変える姿を大切にすると同時に，同じ「さ」がつくということで，仲間意識を感じうれしい気持ちが生まれていることにも着目していこう。

事例10－2は，しりとり遊びである。このような言葉遊びは，ちょっとした合間に，何も準備がなくてもできることが多い。しりとり遊びには，家庭などでの経験の差がでることが多く，しくみへの理解にも経験の差が出やすい。さらに，言葉を探しやすい音もあれば，探しにくい音もある。保育者は，それを理解した上で，保育者の番になったときに，「えーっと，かめはさっきタクちゃんが言っちゃったからもう使えないから…，「か」

が最初だから「いか」はだめだし…」など，考える過程を言葉に出すなどしながら，あえて，どの子にもしくみがわかるような援助をすることも大切である。

（4）アプリ・動画ソフト

家庭において，母親などの多くが子どもをあやすために動画を見せるなど，スマーフォンを使用している事情は少なくはない。その一方，アプリ（動画）やソフト（お絵描き，しりとり，ひらがな学習など）を学習教示として活用する傾向もある。また，絵本や紙芝居，絵描き歌，手遊びなども，ソフトを通して，触れることができるようになってきている。確かに，アプリやソフトを使うことによって，言葉に対する知識や経験が増える機会になることもあるだろう。

しかし，人との関係の中で伝承されてきたことを考慮すると，人と人とが共に触れ合い，楽しさを共有しながら学ぶということが，ますます希薄になる可能性もあることは，保育に携わるものとしては忘れてはならない。

言葉に限らず，歌や踊りを楽しんだり，作る，描くなどの表現力を育てることも可能となるといわれていることからも，今後ますますこれらのアプリやソフトに接する機会が増えていくことは必至である。実際，近年保育現場においても，タブレット端末を導入し始めている現場が増加しつつある。各施設によって異なり，その使用方法は様々である。しかし，まだまだ課題は多く，子どもへの影響（機器への依存など）は避けなければならない。人と人が直接触れ合い共感しながらの学びが失われず，より高められるような道具とし，また，できる限り自由に友達と一緒に試行錯誤しながら使いこなせる道具として活用していく工夫が今後求められる。

2．文化財との出会いから遊び，そして言葉の育ちへ

児童文化財

児童文化財とは，子どもの成長・発達を支える様々な事象や事物のことであり，子どもの身の回りに存在している。その代表的なものを表10－2に示している。それ以外にも，遊具，漫画，テレビ，ラジオ，映画，歌などもあてはまる。

表10－2 児童文化財の一例と特徴

①お 話	語り手の声と表情で語ることである。語り手が子どもたちの方を向きながら，自分の声で語る。朗読会などで見られるような，表現者と観衆が同じ時間を共有し，雰囲気を作りあげる。
②絵 本	言葉と絵から構成されているものが多く存在する。 様々な種類のものがあり，乳幼児期向けをはじめ，ストーリーが次々と展開する「物語絵本」，昔話や民話で構成された「昔話・民話絵本」，子どもに知識を伝える役目をもつ「知識絵本」（科学絵本や数の絵本など），早口言葉や四字熟語，慣用句など学習教材の意味をもつ「言葉絵本」，全体が写真によって表現された「写真絵本」，いろいろな仕掛けが含まれている，「しかけ絵本」などがある。また最近では，障害のある乳幼児にも，気軽に手に取ることができる「バリアフリー絵本」などが登場している。
③紙芝居	歴史が古く，江戸時代のころに行われていた「紙人形芝居」が起源である。明治期になると，「立絵」が流行し，昭和時代になると，紙をテンポよく引き抜く実践方法に変化を遂げた。紙芝居は国内のみならず海外，特にアジア，ヨーロッパにおいても人気があり，“KAMISHIBAI”の名でマンガと同じく注目を浴びている児童文化財となっている。 紙芝居は演じ手の立ち位置，台詞の下読み，順番の確認なども大切であるが，場面ごとの絵の抜き方のタイミングが大きく左右する。段ボールや画用紙を用いての製作も可能である。

④ 人形劇	子どもからお年寄りまで幅広い世代で楽しめる文化財のひとつである。乳幼児の時期から鑑賞の機会も多い。人形は演じ手によって操作することで，生命のない人形においても感情，思いをもった人間のようにふるまう。人形劇で扱う人形はパペットと呼ばれる。他にも指人形，操り人形などがある。人形劇では，台詞は短く，人形の高さと位置を安定させながら演じることが求められる。
⑤ パネルシアター	絵に動きが見られ，見たり聞いたりしていくうちに，興味や関心が高まることで，集中力や観察力が生まれ，協調性や感受性も育つようにもなる。クリスマスの時期にはライトアップなどで雰囲気を楽しめるような「ブラック・パネルシアター」は，幼児から大変人気があるものとして知られている。
⑥ エプロンシアター	エプロンシアターは，エプロンを映画のスクリーンに見立て，その上で人形を順番に登場させながら楽しませる児童文化財である。エプロンには，いくつものマジックテープが貼られており，そこにマジックテープのついた人形などを貼り合わせるものである。エプロンの両サイドのポケットから必要に応じて，人形を取り出し，マジックテープのところに貼り付けて楽しむものである。市販のエプロンシアターも数多く存在しているが，自分で作成する「マイ・エプロンシアター」は子どもたちも親しみやすく実習などで使うことができるのでおすすめである。
⑦ ペープサート	「ペープサート」は，正式には“ペーパー・パペット・シアター”とよばれ，歌や絵本，童話などをもとにしながら，イメージしたものを表現することができる。割りばしと画用紙，テープがあればだれでも簡単に製作できるので，幼児が自らつくって遊ぶこともできる。

最近では，コンピュータゲーム等も広い意味で児童文化財に含まれることもある。児童文化財を通して，子どもたちは園生活において保育者との信頼関係を深めて，情緒が安定していく。また，友達との活動も活発になり，社会性が培われていくことにもなる。

そのため，保育者は様々な児童文化財を有効に使用するために，素材の選択を大切にしなくてはならない。徳安[1)]は「素材の選択にあたっては，子どもの発達とのかかわりや，子どもの興味・関心とのかかわりから見ていくことが大切である」と述べており，また，対象児の年齢と素材に関する目安をつぎのようにあげている（童話の場合）。

・3歳児未満の子どもは，言葉の音の響き自体に耳を傾けるため，よい律動を伴った表現が使われ，擬声や擬音によって，興味や関心がもてるのがよい。したがって，この時期の子どもにとっての口演童話の意味は，内容にあるのではなく，言葉のもつ響きを通して精神の発達を促し，情緒の安定を図ることにあるといえる。

・3歳児になると，話の構成が単純で，適度の反復により興味をもって先を予測できるようなものがよい。

・4，5歳児は，心情的な表現を含む内容も理解するようになってくる。したがって話の構成に起伏があり，内容が発展していくのもよい。

あくまでも目安であるが，このように子どもの発達段階に伴い，素材や構成，言葉と音の表現方法なども変化させる。これは，言葉を伝える立場の一人である保育者として，子どもの言葉の獲得に対し重要な役割を果たしているのではないだろうか。それぞれの特徴を捉えて，深くかかわっていってほしい。

まとめの課題

1．「かごめかごめ」，「はないちもんめ」，「通りゃんせ」について，歌詞にこめられた言葉の意味やそれぞれの遊びが生まれた背景やその特徴について調べ，600字～800字以内でまとめてみよう。
2．児童文化財が，「子どもの言葉の獲得」にどのように関連しているのか，800字から1,200字程度でまとめてみよう。

引用文献

1）徳安敦：演習 保育内容 言葉（戸田雅美編著），建帛社，p.121，2009.

第11章 指導案作成から保育へ

保育者は，子どもたちの言葉を育むためにどのような援助をしているのだろうか。また，保育現場では，どのような指導案が立てられ，その指導案はどのように保育実践へとつながっていくのだろうか。この章では，保育所，幼稚園，認定こども園等の保育現場で作成されている指導案について学びながら，子どもたちの言葉を育む保育実践について考えていきたい。

予習課題

1．指導案の書き方は，授業や実習等ですでに学習していることだろう。この章を読む前に，まず，自分の好きな絵本を題材に，３歳児の子どもたちに読むことを想定して，絵本の読み聞かせの指導案を作成してみよう。
2．実習やボランティア等を通して，印象的だった遊びの中の伝え合いの場面や，保育者の援助について，共有してみよう。

1．保育へとつながる指導案の作成

保育実習，教育実習では，実際に子どもたちにかかわるだけでなく，指導案を作成し，部分実習や責任実習を行うこともあるだろう。保育における指導案は，どのように作成されるのだろうか。ここでは，部分実習等で取り組むことも多い絵本の読み聞かせ場面の指導案を例に，保育者が指導案をどのように作成し，何を大切にしているのかについて考えていきたい。

（1）指導案作成と保育 ― 乳児クラス

ここでは，乳児クラスの指導案を例にあげ，指導案の作成と保育について考えていく。図11－1は，保育所２歳児クラスの実態を捉えて作成された，絵本『さよなら　さんかく』[1]の読み聞かせの指導案である。

２歳児は，絵本の楽しみ方についても，まだ個人差が大きい時期である。一人一人の子どもが何を楽しんでいるのかをていねいに促え，ゆったりとしたやりとりを大切にして読み聞かせを行っていきたい。指導案を作成する際には，一人一人の子どもたちが，どのような反応をするか，どのようなことを楽しむ姿が予想されるかを，イメージしてみよう。

図11－1の指導案には，「言葉のリズムや，音の響きを感じながら絵本を見ることを楽しむ」という，主に領域「言葉」に関するねらいが立てられている。そして，「予想される子どもの姿」がつぎのように記述されている。「興味をもったものを指さして保育者に知らせる子がいる」「言葉のリズムに合わせて，身体を揺らす子がいる」「言葉をまねて，自分なりにつぶやこうとする子がいる」等は，今回，中心としている領域「言葉」のねらいと内容につながっていく姿であるといえる。

このように指導案を作成する際には，学級や子どもたちの実態を把握することはもちろん，それらをねらいと照らし合わせ，確認しながら，記述していくことが大切である。

しかし，すでに学習しているように，５領域は単独で成り立っているものではなく，そのねらいは，相互に関連をもちながら達成されていくものである。実際に読み聞かせを行った際には，領域「言葉」に関連する姿だけでなく，形に興味を示す等の「環境」にかかわる姿や，自分の腕で丸を作って見せる等の「表現」にかかわる姿が見られることもあるかもしれない。図11－1の指導案にも，領域「言葉」を中心としながら，「人間関係」や「表現」にもかかわるような子どもの姿の記述も見られる。実際に保育を行うと，このように，他領域に関連する子どもの姿や，保育者がそのような姿を受けて「みんなで丸を作ろう」と呼びかけたりすることもあるだろう。

2歳児ひよこ組指導案

男児10名　女児10名　計20名　担任　○○○○

〈学級の実態〉
・集まって絵本を見ることが好きな子どもが多い。
・絵をじっと見ている子，言葉のリズムを楽しんでいる子がいる。

日にち：20××年5月10日（月）

活動名：絵本「さよなら　さんかく」の読み聞かせ

〈ねらい〉
・言葉のリズムや，音の響きを感じながら絵本を見ることを楽しむ。

〈内　容〉
・「しかくはなあに　しかくはなあに」等の繰り返しの言葉のリズムを感じる。
・絵，言葉のリズム，保育者とのやりとりなど，それぞれの子どもたちなりの楽しみ方で絵本の楽しさを感じる。

時　間	予想される子どもの姿	保育者の援助と環境の構成
12:30 12:50	・保育者の周りに集まる。 ・保育者の話を聞く。 ●絵本「さよなら　さんかく」の読み聞かせを聞く。 ・絵本に興味を示し，じっと見つめる子がいる。 ・興味をもったものを指さして保育者に知らせる子がいる。 ・言葉のリズムに合わせて，身体を揺らす子がいる。 ・言葉をまねて，自分なりにつぶやこうとする子がいる。 ・偶然，まねた言葉が友達と重なり，楽しくなる子もいる。	・他の保育者とも連携しながら，子どもたちが落ち着いて集まれるように促す。 ●絵本「さよなら　さんかく」の読み聞かせをする。 ・子どもたちがそれぞれのペースで楽しんでいる姿を認め，視線を合わせて微笑んだり，うなずいたりする。 ・保育者が言葉のリズムを意識して読み聞かせを行う。 ・言葉をまねてつぶやく姿を受け止め，必要があれば，子どもたちの口調に合わせて読んだり，みんなで声をそろえて読んだりできるようにする。
評　価	・繰り返しの言葉のリズムを感じて楽しんでいるか。 ・それぞれの子どもなりの楽しみ方で絵本を楽しんでいるか。	

図11－1　2歳児「絵本『さよなら　さんかく』の読み聞かせ」指導案

つまり，実際の対応は，領域「言葉」のねらいのみを意識するのではなく，子どもの実態も保育者の援助も各領域にまたがっているといえる。指導案を作成する際には，そのことを意識しながら実際の対応を考え，記述していくことで，援助の心構えができるだろう。

図11-1についても，領域「言葉」のねらいに重点を置いて書かれつつ，5領域が絡み合いながら記述され，成り立っている。これは，保育（幼児教育）ならではの指導案のあり方であるといえるだろう。

（2）指導案作成と保育 ― 幼児クラス

つぎにあげる図11-2は，4歳児クラスにおける，絵本「ころちゃんはだんごむし」[2]の読み聞かせの指導案である。

4歳児つき組指導案

男児15名　女児15名　計30名　担任　○○○○

〈学級の実態〉

・園庭では，チョウを見つけて，保育者や友達に知らせたり，チョウのイメージで両手を広げて走り回ったりしている子どもがいる。

・ダンゴムシ探しを楽しんでいる子どもが多い。プリンの空き容器の中に捕まえたダンゴムシを入れ，じっと動きを見ることを楽しんでいる子，怖くて手を触れることはできないけれど，友達が捕まえたダンゴムシに興味をもって見つめる子，ダンゴムシを見つけるのが上手で，友達から認められ始めている子がいる。

日にち：20××年4月25日（木）

活動名：絵本「ころちゃんはだんごむし」の読み聞かせ

〈ねらい〉

・ダンゴムシが出てくる絵本の読み聞かせを聞き，身近な虫であるダンゴムシに親しみをもつ。

・学級の友達と一緒に思ったことや感じたことをつぶやき合い，絵本の読み聞かせを聞くことを楽しむ。

〈内　容〉

・ダンゴムシに親しみをもつ

・丸くなる，足がたくさんある等のダンゴムシの特徴に気づく

・思ったことや感じたことをつぶやく

時　間	予想される子どもの姿	保育者の援助と環境の構成
12:40	・「赤いお家」の中に集まる。 ・保育者の話を聞く 「ダンゴムシ」「チョウチョ」「クモ」等，知っている虫の名前を口々に言う。	・床に赤いビニールテープをお家の形に貼って置き，子どもたちがその中に集まれるようにする。 ・「今日の絵本は，みんながよく知っている虫が出てくるお話だよ」と導入の話をし，期待がもてるようにする。 ・子どもの言葉をよく聞き，「ダンゴムシかな」「チョウチョかもしれないね」「クモのお話も読んでみたいね」等，一人一人の発言を認めていく。
12:45	●絵本「ころちゃんはだんごむし」の読み聞かせを聞く。 ・「ダンゴムシ，知ってる」「お庭にいた」等と気づいたことをつぶやいたり，近くの友達に話したりする。 ・絵本を見ながら，ダンゴムシのように体を丸める子どももいる。 ・気づいたことを，その都度保育者や友達に伝えようとする子どももいる。 ・「おもしろかった」「また見たい」等と口々に言う。	●絵本「ころちゃんはだんごむし」の読み聞かせを聞く。 ・子どもの気づきを認め，視線を合わせてうなずいたり，必要な時は声をかけたりしながら，受け止める。 ・ダンゴムシになりきっている子どもには，「○○ちゃんもダンゴムシみたい」と声をかけたり，人数が多い場合などは，みんなで丸くなる時間をとる等，表現を受け止めていく。 ・伝えようとする気持ちを受け止める。その上で，「つぎはどうなるか見てみようね」と続きに関心がもてるように促す。 ・子どものつぶやきに共感し，いつでも見られるように，絵本コーナーに置いておくことを伝える。
13:00		
評　価	・身近な虫であるダンゴムシに親しみをもつことができたか。 ・思ったことや感じたことをつぶやきながら，読み聞かせを楽しむことができたか。	

図11－2　4歳児「絵本『ころちゃんはだんごむし』の読み聞かせ」の指導案

注：「だんごむし」「ダンゴムシ」の表記について絵本の題名は，原題にしたがってひらがな表記とする。生物としての「ダンゴムシ」はカタカナ表記とするのが一般的である。

図11－2の指導を見てみると,「学級の実態」として，身近な虫に興味をもっている姿が見られ，特にダンゴムシ探しを楽しんでいる子どもが多いことが記述されている。保育者は，このような日頃の子どもの実態を捉え，それらを踏まえて，絵本（題材）を選択していることがわかるだろう。

また，指導案全体を通して，図11－1の乳児クラスの指導案と同様に，領域「言葉」だけでなく，５領域がそれぞれ絡み合いながら記述されていることがわかる。

さらに，このような活動は，子どもの遊びや生活の中で取り入れられ，生かされることも多い。読み聞かせを行った翌日，保育者が，ダンゴムシの塗り絵や，お面やペープサートが作れるような材料を用意し，環境を設定した。すると，作ったお面を付けて，ダンゴムシになりきって遊んだり，ダンゴムシのペープサートを使って人形ごっこをしたりする子どもの姿が見られた。もし，あなたが保育者だったら，子どもたちの実態を踏まえ，どのような援助を考えるだろうか。図11－3（p.136-137）の指導案を参考に,「ダンゴムシのごっこ遊び」の指導案を書いてみよう。

作成例

ダンゴムシのごっこ遊び

○（幼児の実態）

◎（教師の援助）

2．指導案からつながる保育実践

（1）遊びの中で育む「言葉による伝え合い」

現行の，保育所保育指針，幼稚園教育要領，幼保連携型認定こども園教育・保育要領では,「幼児期の終わりまでに育ってほしい姿」として「言葉による伝え合い」があげられている。保育現場では，学級全員の前で発表する機会を設定したり，グループで話し合ったりする活動を意図的，計画的に取り入れている園も多い。しかしながら,「言葉による伝え合い」

は，一斉活動やグループ活動でのみ育まれるものでは決してない。子どもたちの遊びや生活の中で，育まれていくものである。

ここでは，好きな遊びの場面における指導案（日案）と，実際の保育の事例をもとに，作成された指導案がどのように保育実践につながっていくのかを考えていきたい。

図11－3は，幼稚園5歳児クラスの指導案（日案）から好きな遊びの場面を抜粋したものである。

指導案には，日のねらいとして「友達と思いやイメージを伝え合いながら遊ぶことを楽しむ」と記述されている。これは，保育者がこの時期，「子どもたちが言葉で伝え合うことで，遊びがより楽しくなってきている」という様子を捉え，その部分を育てていこうという思いから，設定したものである。このねらいにかかわる援助が，子どもたちの実態を捉えながら，どの遊びにも記述されている（図11－3下線部）。

ここでは，「お家ごっこ」「ドーナツや」「桜の花びら集め」の場面を取り上げ，好きな遊びの場面における指導案と保育実践について考えていく。

1）遊びの中で気づく相手の思い，自分の思い

「お家ごっこ」の遊びの指導案から，子どもたちの実態や，保育者の援助についてどのように記述されているか見てみよう。

お家ごっこ

○ままごとコーナーに，仕切りや中型積木を使って場を作り，お家ごっこをしている幼児がいる。

○「今日は誕生パーティー」等のイメージを出し合う一方で，友達に対して「～ちゃんは猫になって」「～はしちゃだめ」等，強い口調で言い，友達の思いに気づくことが難しい幼児もいる。また，言われると思いが出せない幼児もいる。

◎強い口調の幼児には，教師も遊びの仲間に入りながら，言い方や，相手の思いに気づかせていく。自分の思いを出すことが難しい幼児には，その幼児がつぶやいた思いやイメージを大切にし，どちらも思いを伝え合うことで遊びが楽しくなることに気づけるようにする。

お家ごっこでは，「幼児の実態」として「『今日は誕生パーティー』等のイメージを出し合う一方で，友達に対して『～ちゃんは猫になって』『～

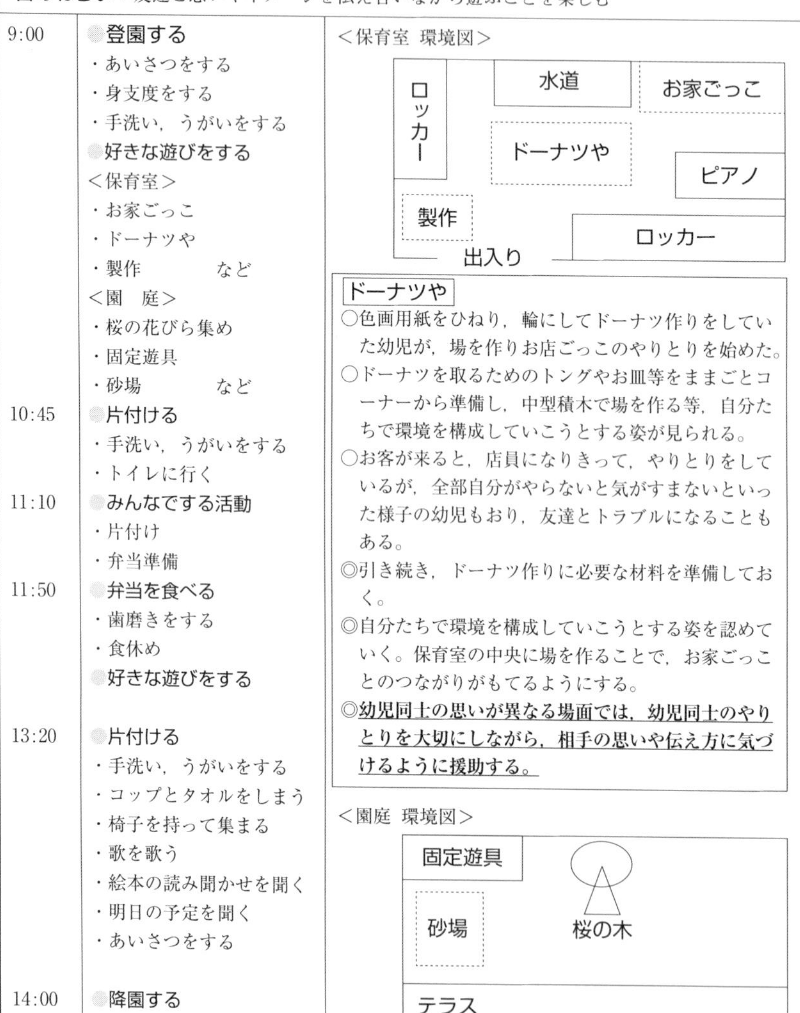

5歳児うさぎ組指導案

日のねらい：友達と思いやイメージを伝え合いながら遊ぶことを楽しむ

時間	活動	環境・援助
9:00	登園する ・あいさつをする ・身支度をする ・手洗い，うがいをする 好きな遊びをする <保育室> ・お家ごっこ ・ドーナツや ・製作　など <園　庭> ・桜の花びら集め ・固定遊具 ・砂場　など	<保育室 環境図>
10:45	片付ける ・手洗い，うがいをする ・トイレに行く	ドーナツや ○色画用紙をひねり，輪にしてドーナツ作りをしていた幼児が，場を作りお店ごっこのやりとりを始めた。 ○ドーナツを取るためのトングやお皿等をままごとコーナーから準備し，中型積木で場を作る等，自分たちで環境を構成していこうとする姿が見られる。 ○お客が来ると，店員になりきって，やりとりをしているが，全部自分がやらないと気がすまないといった様子の幼児もおり，友達とトラブルになることもある。
11:10	みんなでする活動 ・片付け ・弁当準備	◎引き続き，ドーナツ作りに必要な材料を準備しておく。
11:50	弁当を食べる ・歯磨きをする ・食休め 好きな遊びをする	◎自分たちで環境を構成していこうとする姿を認めていく。保育室の中央に場を作ることで，お家ごっことのつながりがもてるようにする。 ◎**幼児同士の思いが異なる場面では，幼児同士のやりとりを大切にしながら，相手の思いや伝え方に気づけるように援助する。**
13:20	片付ける ・手洗い，うがいをする ・コップとタオルをしまう ・椅子を持って集まる ・歌を歌う ・絵本の読み聞かせを聞く ・明日の予定を聞く ・あいさつをする	<園庭 環境図>
14:00	降園する	

図11－3 「好きな遊び」の

○幼児の実態　◎教師の援助

20××年4月15日（月）

在籍　男児13名　女児17名　計30名　　担任　○○○○

お家ごっこ

○ままごとコーナーに，仕切りや中型積木を使って場を作り，お家ごっこをしている幼児がいる。

○「今日は誕生パーティー」等のイメージを出し合う一方で，友達に対して「～ちゃんは猫になって」「～はしちゃだめ」等，強い口調で言い，友達の思いに気づくことが難しい幼児もいる。また，言われると思いが出せない幼児もいる。

◎強い口調の幼児には，教師も遊びの仲間に入りながら，言い方や，相手の思いに気づかせていく。自分の思いを出すことが難しい幼児には，その幼児がつぶやいた思いやイメージを大切にし，どちらも思いを伝え合うことで遊びが楽しくなることに気づけるようにする。

製　作

○「～を作りたい」という目的をもって取り組む幼児が多い。

○作った場をそのままにして，遊びの場に行ってしまい，ハサミが出しっぱなしになってしまう姿も見られる。

◎幼児のイメージを大切にしながら，イメージにあった素材を取り入れていけるように，一緒に考えたり，必要があれば新たな素材を提示したりする。

◎ハサミの扱い方，しまい方を幼児が自分で気づいたり，幼児同士で確認したりできるように，気づいた姿を認めたり，友達同士教え合えるように促したりする。

砂　場

○午後の年少組の降園後に，大きなスコップや水を使ってダイナミックに遊んでいる。

◎午後には，教師も仲間になって一緒に遊びながら，砂や水の感触を存分に味わえるようにし，モデルとなりながら，気づいたことを伝え合えるようにしていく。

桜の花びら集め

○満開になった桜の花びらが園庭に落ちていることに気づく幼児がいることが予想される。

◎ビニール袋や，透明なカップ等をテラスに用意する。

◎教師も一緒に自然物と触れ合う時間をつくる。

◎幼児の気づきを認める言葉をかける。また，幼児の発見や，思いついたイメージを大切にし，他の幼児にも伝えられるように促したり，必要なものを一緒に用意したりしていく。

場面を抜粋した指導案（日案）

注：幼稚園における指導案のため「幼児」「教師」と表記している。
保育所においては「子ども」「保育者」と表記するのが一般的である。

はしちゃだめ』等，強い口調で言い，友達の思いに気づくことが難しい幼児もいる。また，言われると思いが出せない幼児もいる」と記述されている。イメージが豊かで，遊びが楽しくなるイメージをたくさん発信できる一方で，友達にイメージを押し付けてしまう姿が課題となっていることがうかがえる。また，言われた側の幼児も，思いが言い出せない姿が見られ，双方の幼児にとって，言葉で伝え合うことに課題が見られる状況であることがわかる。

そのような実態に対して，「教師の援助」としては「強い口調の幼児には，教師も遊びの仲間に入りながら，言い方や，相手の思いに気づかせていく。自分の思いを出すことが難しい幼児には，その幼児がつぶやいた思いやイメージを大切にし，どちらも思いを伝え合うことで遊びが楽しくなることに気づけるようにする」と記述されている。

「幼児の実態」に書かれた課題に対し，この日，保育者がどのような援助をするかがデザインされている。

では，「教師も遊びの仲間に入りながら，言い方や，相手の思いに気づかせていく」とは具体的にどのような援助なのだろうか。「幼児がつぶやいた思いやイメージを大切にし，どちらも思いを伝え合うことで遊びが楽しくなることに気づけるようにする」とは，実際にどのように行うのだろうか。ここで，事例をもとに見ていこう。

事例11-1　お家ごっこ　5歳児

ナツコとチアキは，お家ごっこを始めたが，ナツコが「私，お母さんね！」「チアキちゃんは猫になって」と役割を決めてしまう。チアキは「えー…」とつぶやくが，ナツコは気にしていない様子である。

保育者が「入れて」と言うと，ナツコは「じゃあ，先生は，お姉ちゃんになって！」①と言う。保育者が「えー，先生は，赤ちゃんがいい！」と言うと，チアキは，ふっと笑う。ナツコは笑いながらも「ダメ！　先生は大人なんだから！」と言うが，保育者は「えー，赤ちゃんがいいんだもん」と引かない。加えて，保育者はチアキに「先生は赤ちゃんになりたいな。赤ちゃん楽しそうだし。チアキちゃんは，何になってるの？」と聞くと，チアキはナツコをちらっと見て，「猫…じゃなくて，やっぱり，お姉ちゃんがいい！」と言う。
　保育者は「ちょうどいい！　じゃあ，チアキちゃんがお姉ちゃんになって，私が赤ちゃんになるってどう？」と言うと，ナツコもしょうがないという顔ではあるが「いいよ」と言う。

　事例11－1では，保育者が遊びに加わり，「先生は，お姉ちゃんになって！」(下線部①) と勝手に役割を決めてしまうナツコに対し，「えー，先生は，赤ちゃんがいい！」と自分がやりたい役を主張している。

　この保育者の発話は，実は，２通りの願いが込められている。ひとつは，ナツコに対し，保育者も自分がやりたい役があるということに気づいてもらいたいという願いである。もうひとつは，聞いているチアキに対し，自分がやりたい役がある時には，そのように言ってよいのだと気づいてもらいたいという願いである。直接的に「そんな言い方をしてはいけない」「やりたいことは言わないとだめ」と伝えるのではなく，遊びの仲間に入りながら，子どもたちが自分で気づけるように働きかけていく。それが，指導案に書かれていた「教師も遊びの仲間に入りながら，言い方や，相手の思いに気づかせていく」という援助である。

　そのような保育者の援助を受けて，チアキは「猫…じゃなくて，やっぱり，お姉ちゃんがいい！」と自分のやりたい役を言うことができた。すかさず保育者は，「ちょうどいい！」と，チアキがお姉ちゃんになり，保育者が赤ちゃんになるという役を提案している。保育者が役割を決めるという意味ではなく，この「ちょうどいい」ということが大事なのである。

　ナツコの「(保育者を指名しているが) 誰かにお姉ちゃん役をやってほしい」という思いと，保育者の「お姉ちゃんではなくて赤ちゃん役をやりたい」という思いでは，平行線であったが，そこにチアキが「お姉ちゃんがやりたい」と言ってくれたことで，解決することになったのである。みんなにとって「ちょうどいい」解決策を導き出せたこと，そしてそれがチアキのつぶやきであったこと，そのことを印象づける働きをしていたのが，保育者の「ちょうどいい！」というつぶやきであった。

この援助が，指導案に書かれた「幼児がつぶやいた思いやイメージを大切にし，どちらも思いを伝え合うことで遊びが楽しくなることに気づけるようにする」という部分である。チアキが自分のやりたい思いを伝えられたことで，自分の思いを出すと遊びが楽しくなるということに気づくことができる。また，ナツコも，自分が一方的に決めるのではなく，友達と思いが異なった時でも，伝え合うことで遊びが進められたり，より楽しくなったりすることに気づくきっかけとなった。

また，保育者の「ちょうどいい！　じゃあ，チアキちゃんがお姉ちゃんになって，私が赤ちゃんになるってどう？」という言葉は，ここまでナツコ，チアキ，保育者で伝え合ってきた思いをまとめ，確認する発話である。保育者は，この場では，保育者がこのように発言し，ナツコがしょうがないという表情ではあるものの「いいよ」と受け入れたことで，この時点では十分であると評価している。しかし，長期的には，この発言がモデルとなり，いずれは子どもたち同士で，このように確認したり，提案したりしてほしいという見通しもあわせてもっている。

今回，保育者がモデルとなったことがどのように子どもの中に取り入れられていくか，あるいは，まとめは保育者がするものと頼りすぎてしまわないか，今後注意して見ていく必要があるだろう。保育者は，その時に必要な援助のみならず，長期的な視野に立った子どもたちへの援助も同時に行っている。つまり，その場の援助だけでなく，つぎに育ってほしい姿を考えていて，それを見通した援助を行っているのである。

このように，実際の保育を見てみると，指導案に書いてある「教師の援助」がより具体的に実践されていることがわかるだろう。また，その援助には，その場の援助だけでなく，長期的な見通しをもった援助も含まれている。

2)「ごめんねって言ったのに，許してくれない」

「ドーナツや」の遊びの指導案を見てみよう。

ドーナツや

○色画用紙をひねり，輪にしてドーナツ作りをしていた幼児が，場を作りお店ごっこのやりとりを始めた。
○ドーナツを取るためのトングやお皿等をままごとコーナーから準備し，中型積木で場を作る等，自分たちで環境を構成していこうとする姿が見られる。
○お客が来ると，店員になりきって，やりとりをしているが，全部自分がやらないと気がすまないといった様子の幼児もおり，友達とトラブルになることもある。
◎引き続き，ドーナツ作りに必要な材料を準備しておく。
◎自分たちで環境を構成していこうとする姿を認めていく。保育室の中央に場を作ることで，お家ごっことのつながりがもてるようにする。
◎幼児同士の思いが異なる場面では，幼児同士のやりとりを大切にしながら，相手の思いや伝え方に気づけるように援助する。

ドーナツやの指導案では，「幼児の実態」として「お客が来ると，店員になりきって，やりとりをしているが，全部自分がやらないと気がすまないといった様子の幼児もおり，友達とトラブルになることもある」と記述されている。

それを受けて，「教師の援助」では「幼児同士の思いが異なる場面では，幼児同士のやりとりを大切にしながら，相手の思いや伝え方に気づけるように援助する」と書かれている。

事例をもとに，実際にはどのような援助が行われているか見てみよう。

事例11-2　ドーナツや　5歳児

ミチコ，ユウタ，リカの3名が店員役になっているが，客が来ると，いつもミチコが「いらっしゃいませ～，どれにしますか？」と声を掛け，やりとりをしている。次の客がすぐ来ても，ミチコが「少々お待ちください」と言ったり，ドーナツを紙袋に入れたりする作業をすべて一人で行ってしまう。

ユウタが「俺もやりたいよ」と言ったり，リカが「ミチコちゃんばっかりずるい」と言ったりしても，ミチコは「やりたいんならやれば？」と言い譲らない。

リカが「みんなでやってるのに！」と怒ると，ミチコは怒った口調で「ごめんね！」と言う。リカは，納得できず保育者のところへ来ようとするが，ミチコが「先生！ごめんねって言ったのに，許してくれない！」と先に言いに来る。
　保育者は「うーん，そんなに怖い声で『ごめんね』って言われても…，先生だったら，『いいよ』とは言えないな。だって，怖いし，謝っている感じがしないんだもん。リカちゃんもそうなんじゃないかな」と言うと，リカは下を向き，静かな声で「心がこもってない」とつぶやく。ミチコは，リカの様子を見てうつむく。

　この場面では，保育者はあえて遊びには加わらず，子どもたちが自分たちで遊びを進めようとしている姿を認め，見守っていた。指導案に「幼児同士のやりとりを大切にしながら」とある通り，自分たちで課題と向き合っていく時間を保障していったところ，事例に見られる子どもたち同士のやりとりが生まれたと考えられる。

　ミチコは，この場面では，ユウタやリカの思いはわかっていながらも，向き合うことが難しかった。また，言葉でのやりとりでうまく交わしてしまう姿が見られていた。

「ごめんねって言ったのに，許してくれない」と主張してくるミチコに対し，保育者は，リカの気持ちに寄り添うことで，リカ自身が，思いを伝えてほしいと考えていた。これが，「幼児同士の思いが異なる場面では，幼児同士のやりとりを大切にしながら，相手の思いや伝え方に気づけるように援助する」と記述されていた部分に相当する保育者の援助である。

　言葉で言えているかという判断基準に立つと，ミチコは，言葉は達者で，「ごめんね」という言葉も使うことはできている。しかし，保育の場で育てていきたい「言葉による伝え合い」は，単に語彙を増やしたり，形式的な言葉の使い方を知らせたりするだけではない。自分の思いを相手に伝えたい，わかってほしいという思いや，相手にも思いがあり，その思いを大切にした上で，どうしたらよいかと考えを巡らせ，言葉で伝え合うことの大切さを感じることが，「言葉による伝え合い」につながっていく。

　事例11－2では，リカの「心がこもっていない」というつぶやきを大切にしたい。保育者に促されながら，自分の思いを言葉にして相手に伝えることができたと評価できる。この場では，ミチコは何の言葉も発することなく，うつむいたままであったが，リカのつぶやきにより，相手の思いを知り，ミチコは本当の意味で「ごめんね」と言えるようになっていくのではないだろうか。今後も，様子を見ていく必要があるだろう。

3）言葉で広がるイメージの世界

「桜の花びら集め」の場面における指導案である。これは，前日からの続きの遊びではなく，この日，起こるであろうことを想定して書かれた指導案である。

桜の花びら集め

○満開になった桜の花びらが園庭に落ちていることに気づく幼児がいることが予想される。
◎ビニール袋や，透明なカップ等をテラスに用意する。
◎教師も一緒に自然物と触れ合う時間をつくる。
◎幼児の気づきを認める言葉をかける。また，幼児の発見や，思いついたイメージを大切にし，他の幼児にも伝えられるように促したり，必要なものを一緒に用意したりしていく。

園庭にある桜の木が満開になり，きれいな花びらが園庭に散っている様子から，興味をもつ子がいると予想し，このように指導案に記述していた。

事例11－3は，当日の子どもたちのエピソードである。

事例11-3　桜の花びら集め　5歳児

ユナが，手のひらに桜の花びらを一枚載せて「先生，見て。紫色の花びらがあった！」と見せに来る。保育者が「本当だ。紫色だね」とつぶやくと，近くにいたアイリが「どうしたの？」とやってくる。

保育者が「ユナちゃんがね，見つけたの」と言うと，アイリが「何を？」と尋ねる。ユナがニヤッとして「見たい？」と言うと，アイリが「見たい！」と言う。ユナが，手のひらをそっと開き，アイリに花びらを見せながら「紫色なの」というと，アイリは「本当だ」と言う。

その後，2人は，桜の花びらを集めに行く。ビニール袋や，透明カップにたくさん花びらを入れ，時々，保育者や近くの友達に見せに行く。その様子を見て，保育者が「春がいっぱい落ちてるね～」と言う。すると，アイリは「春をお届けにきました」と言いながら，保育者や，園庭で遊んでいる友達に桜の花びらを見せて，「これはピンク。これは，ちょいピンク…」と気づいたことを知らせる。

保育者は，紫色の花びらを見つけ，保育者に知らせに来たユナの感性を大切にしたいと考えていた。そのため，アイリがやって来た際には，保育者がすべて答えてしまうのではなく，ユナが自分の発見を自分の言葉で伝えられるように促している。これは，指導案に書かれている「幼児の気づきを認める言葉をかける。また，幼児の発見や，思いついたイメージを大切にし，他の幼児にも伝えられるように促したり」という部分からつながっている援助である。

保育者が，ユナが「何を」見つけたのかをあえて言わないでおいたことで，子どもたち同士の伝え合いを引き出す援助になっていることがわかる。ここに書かれている「促す」というのは，「言ってごらん」と直接的に言うことではない。桜の花びら一枚一枚の色の違いに気づいているユナの発見を認め，ユナ自身がその気づきを伝える喜びを味わうための援助である。

つぎに，保育者の「春がいっぱい落ちてるね～」という言葉に着目したい。指導案には，その言葉自体は書かれていないが，この保育者の発話は，「思いついたイメージを大切にし，他の幼児にも伝えられるように」という部分からつながる援助である。

この言葉は，保育者自身が園庭に舞い落ちる桜を見て，春を感じて発言した言葉であるが，その発話には，色の違いに気づいた子どもたちに対し，花びらの色だけに着目して終わるのではなく，今の時期ならではの桜を通して，春を感じてほしいという願いが込められている。「桜の花といえば春」というイメージを子どもたちに投げかけることで，子どもたちのイメージの広がりを期待した言葉であった。

保育者が思いついたイメージを言葉にすることで，子どもも自分が思いついたイメージを言葉にする姿につながっていく。保育者のイメージを受け取ったアイリは，「春が落ちている」という言葉から，さらにイメージを広げ，「春をお届けにきました」という，まるで絵本の世界のような発話をするに至った。

言葉によってイメージを広げる楽しさを味わい，子どもが自らイメージを広げながら，桜の花びら集めを楽しむことができた。保育者の発言がきっかけとなり，伝え合いが行われたことで，言葉も，遊びも豊かになったといえるだろう。

「春がいっぱい落ちてるね～」という言葉そのものは，前述したように指導案には書かれていない。また，指導案に書いた言葉をすべてその通りにしなければならないということではない。しかし，指導案を作成している際に，保育者がそこに願いを込めているからこそ，自然と出てきた言葉であり，具体的な言葉の記述はないものの，ねらいに即した援助となっている。願いを込めながら指導案を作成することが，このような援助につながることは多い。

事例11－3を「友達と思いやイメージを伝え合いながら遊ぶことを楽しむ」という日のねらいに照らし合わせてみると，本事例では，落ちている花びらに気づいたという姿から，保育者の発言をきっかけに，子ども自身がそのイメージをさらに広げ，春を届けに行くという姿につながっている。言葉による伝え合いを経て，自らイメージを広げ，イメージの世界を楽しみながら遊んでいると評価できる。

4）遊びの中で言葉を育む

ここまで，好きな遊びの場面の指導案がどのように保育実践へとつながっていくのかについて述べてきた。

事例11－4は，学生が保育実習で体験したものである。ここでは，この事例をもとに，遊びの中で言葉を育むことについて考えていきたい。

事例11-4　病院ごっこでの出来事　3歳児　2月

カナコとリミが，病院ごっこを始めた。カナコは，テレビドラマの影響もあり，外科医のイメージを明確にもっている。リミに手を差し出して「メス」と言ったり，「汗を拭いて」と言ったりするが，リミは意味がよく理解できずに，何もできない様子である。カナコは「なんでちゃんとやらないの！」とリミに対して強く言ってしまう。

実習生としてその場にいた学生は「これがメスだよ」「汗を拭くんだって」等と物の名前を教えたり，やることを教えたりと援助をしたが，いまひとつ遊びが楽しくならずに終わってしまい，どのようにしたらよいのか悩んだとのことだった。「教えてばかりいると，リミちゃんの表情が暗くなってしまう気がして」と，学生はふり返っている。大人が使う言葉を使いたいという思いから，伝え合いが難しくなってしまっている事例である。

このような場合，遊びの中でどのように援助ができるだろうか。あなただったら，どのような援助をするか考えてみよう。(回答例は章末参照)

3．振り返りと評価

ここまで，指導案の作成，作成された指導案がどのように保育につながっていくのか，また保育実践の中で行われている保育者の援助について考えてきた。

一日の保育を終えた後に行われるのが，振り返りと評価である。その日の遊びの様子から，子どもたちの様子や保育者の援助を振り返り，評価をしていく。それらが，翌日の指導案につながり，その指導案が翌日の保育へとつながっていく。

「お家ごっこ」「ドーナツや」「桜の花びら集め」については，振り返りと評価も含め，すでに各箇所で述べている。実際には，指導案に記述されたすべての遊びについて，振り返りと評価を行っていく。それぞれの遊びについて，どのように振り返りと評価が行われているか，もう一度，見直してほしい。

また，振り返りと評価は，各遊びについて行うだけでなく，その日の保育全体についても行われる。ここでは，図11-3の指導案をもとに，一日の振り返りと評価について述べていく。

この日の指導案では「友達と思いやイメージを伝え合いながら遊ぶことを楽しむ」と，日のねらいが設定されている。このねらいと照らし合わせて，振り返りと評価を行っていこう。

この日については，保育者の援助を受けて，それぞれの遊びで，子どもたちが，思いやイメージを伝え合いながら遊ぶ楽しさを感じられたと評価できる。しかし，「ドーナツや」のミチコのように，友達の思いに気づき始めてはいるものの，うつむいたままでいる姿も見られた。言葉で相手が言い返せないようにして，自分の思い通りに遊びを進めることが，本当に楽しいのかというところに本人が気づけるように，今後，援助をする必要があるだろう。

また，イメージの広がりについても，保育者が少しきっかけを与えると，子どもたちの方から保育者も思いつかないようなイメージを伝えてくる等，豊かになってきているといえるだろう。イメージの広がりを楽しめるように，また，思いついたイメージを実現したり，友達と共有したりして遊びを楽しめるように，引き続き，援助していきたい。

このように，その日のねらいに照らし合わせながら，一日の保育を振り返り，評価をしていく。そうすることが，翌日の指導案作成，保育実践へとつながっていく。

まとめの課題

1．図11-3の指導案（日案）について，あなたが保育者だったら，この日の最後に読む絵本は何を選ぶだろうか。考えてみよう。
2．予習課題として作成した，絵本の読み聞かせの指導案を，領域「言葉」に焦点を当てて，見直してみよう。また，この章を読む前と後で変わったところはどこか考えてみよう。

事例 11-4　回答例

「メス」等の物の名前を教える，わかっていないことについて説明する等の援助を考えた方もいるかもしれない。そのような援助が必要な場合もあるが，ここで，注目したいのは，「教えてばかりいると，リミちゃんの表情が暗くなってしまう気がして」という実習生の気づきである。確かに，物の名前や言葉の意味ばかり教えられていると，つまらなくなってしまうだろう。ここで大切なのは，遊びを援助していく中で，言葉を育んでいくという視点である。

この場合は，保育者が遊びの仲間として加わりながら，一緒に動いてみてはどうだろう。「新人看護師です，よろしくお願いします」等と言い，遊びの仲間に入りながら，カナコが「メス」と言った際には，「メスってどれですか？新人なのでわからなくて」と役になりきりながら答えてみる。時には，「あ，これがメスなんですね」とリミにも聞こえるように言ったり，「汗って言われたら，汗を拭くんですね」と実際に動いてみたりする。カナコと対話しているようで，実はリミも一緒に聞きながら確認できる状況をつくっていく。そうすることで，遊びながら，物の名前や，言葉の意味を知ることができる。カナコもリミも，外科医のいる病院というイメージを楽しみながら遊ぶことができるよう援助していきたい。

引用文献

1）森比左志，わだよしおみ，若山憲：さよなら さんかく（こぐまちゃんえほん別冊），こぐま社，1977.
2）高家博成，仲川道子：ころちゃんはだんごむし（かわいいむしのえほん），童心社，1998.

参考文献

・戸田雅美：保育をデザインする—保育における計画を考える，フレーベル館，2004.

第12章 言葉をめぐる相談と保護者との連携

予習課題

1．言葉に関する相談には，どのようなものがあるか調べてみよう。
2．「幼稚園教育要領」「幼保連携型認定こども園教育・保育要領」「保育所保育指針」に記載されている保護者との連携の内容をまとめてみよう。
3．保護者との信頼関係を築くために気をづけるべき事項を，自分なりにまとめてみよう。

1．保育における相談・助言

子どもの言葉の発達は，保護者が子育てにおいて不安を感じることの多い問題である。保護者は，家族や友人などの身近な相談相手がいたとしても，深刻な悩みがある場合には保育者を選んで相談する[1)]。つまり，保育者は子どもの専門家として，相談に対応することが期待されている。

保育者は一人一人の子どもを深く理解しており，実際の子どもの姿を踏まえた相談への対応が可能である。また，日々の保育を通して子どもと保護者の双方にアプローチが可能であり，在園期間全体を通して継続的に支援を行うことができる。一方で，保育者は子どもの状態像を「診断」する立場にはないことを心に留めておく必要がある。保護者を安心させるためだけに「大丈夫」「問題ない」と安易に伝えることも避けなければならない。なぜなら，本当に子どもに発達上の問題があった場合，保育者がその可能性を否定することで，子どもを適切な支援から遠ざけてしまうからである。

相談への対応においては，① 保護者から情報を収集し，園と家庭の両面から総合的に子どもの姿を捉えること，② 判断に迷う場合には園内での検討会や，巡回相談を活用し，多面的に発達の評価を行うこと，③ 保護者と共に子どもの育ちを支える姿勢を保つこと，④ 必要に応じて適切な専門機関を紹介することが大切である。

2．保護者を不安にさせる言葉の問題

言葉の発達は個人差が大きく，発達状況が他者から見えやすいために，保護者を悩ませる問題となりやすい。保護者を不安にさせる言葉の問題には，言葉が出ない，語彙が少ない，発音が不明瞭，言い間違い，どもり，乱暴な言葉遣い，ひらがなの読み書きができない等，乳幼児期によく見られるものから，発達の遅れが疑われるようなものまで様々である[2)]。ここでは，よくある相談事例を取りあげ，考えてみよう。

（1）吃音（きつおん）（どもり）

まず，吃音に関する相談事例として，事例12－1を見てみよう。

事例12-1　コウタ（2歳3か月）の場合

母親から，「コウタが話そうとするとどもるのですが，どうしたら治るんでしょうか。発音を教えたり，言い直させたりしているんですが，なかなか治らなくて」と，吃音についての相談があった。

次に，コウタが① 保育者，② 母親それぞれと絵本を見ながら，やりとりを行っている場面を見てみよう。

①コウタと保育者の会話
コ：あ！　ゴ，ゴ，ゴリラ。
保：ゴリラだね。
コ：マ，ママと。…こ，こ，これ見たー。
保：そう。ママとゴリラ見てきたの。
コ：うん。見て…きたの。
保：動物園へ行ったのかな？
コ：そ，ど，どーぶつえん，行ったー。

②コウタと母親の会話
コ：あ！ゴ，ゴ，ゴーリラ。
母：ゴーリラじゃなくて，ゴ・リ・ラ。
コ：ゴ，ゴ，ゴ…リラ。
母：そう，ゴリラ。ゴ・リ・ラだよ。
コ：……
母：コウタ，これは？
コ：これ…キキ…キリ…ン。

①の会話では，コウタの言葉が滑らかに続かなくても，保育者はじっくりとコウタの言葉に耳を傾けているが，②の会話では「ゴリラ」という発音を繰り返すやりとりになっている。ここではコウタの言葉が少なくなり，緊張が高まっていることがうかがえる。一方，①の会話では，発音にとらわれずに自分の話が聞いてもらえることや，話が相手に伝わっているという実感をもつことができ，安心して話せているようである。

言葉は繰り返し使うことで上達し，吃音のほとんどは状況が変わるにつれて自然に治っていく。保育者は，コウタの母親には，この時期の子どもにはよく見られること，正確な発音や正しい言葉遣いを求めるよりも，安心して話せる雰囲気をつくること，話す意欲を育てることが大切であることを伝えた。そして，コウタが話すことに抵抗を感じないよう，過度に気にせず会話を楽しむことを提案した。その後，言い直しや間違いの指摘をしないようにして過ごすうちに，コウタの吃音は3歳を過ぎたころには見られなくなった。

(2) 嘘をつく

子どもが園生活について話す時，出来事を事実のままに話すより，楽しかったこと，悲しかったことなど，強く心が動いた経験や，特に伝えたいことを中心に話すことが多い。そのために，ある出来事に対する子ども自身の意味づけと客観的事実が，必ずしも一致しないことがある。

事例12-2　僕はやってない　4歳児

ハヤトの母親から，「幼稚園のことを話す時，都合の悪いことを隠したり，嘘をついたりするので困っています」との相談があった。幼稚園で友達から嫌なことをされた場合には母親に報告するが，自分がしたことについては話さず，またクラスの母親から突然謝罪を求められてハヤトに確認すると，「僕はやっていない」と主張し，認めないとのことであった。

ハヤトは活発で，自分の主張をはっきりと相手に伝えるため，たたきあいのけんかになることもしばしばである。しかし，このような場合には明確な理由があり，相手が応戦しない状況で一方的にたたくようなことはない。このようなことを考え合わせてみると，ハヤトが都合の悪いことを意図的に隠しているというより，その日のうちに仲直りをしているため，ハヤトの中では解決済みの問題として話題にのぼらないのかもしれない。あるいは「ごっこ」の世界で起きた遊びの一場面であったのかもしれない。

事例では，母親がハヤトからの部分的な情報しかもち合わせていないことや，保護者同士の関係で気を遣っている状況があることがうかがえる。このことを踏まえた上で，保育者が捉えたハヤトの姿や育ちを伝えながら，ハヤトの言葉の意味を保護者と共に理解していくことが大切である。

3．言葉の遅れ

（1）話さないこと，遅れていること

「言葉の遅れ」というとき，そこには，発声にかかわる耳の聞こえや構音（発音）の問題，意味の理解の問題，コミュニケーションの問題，判断基準の問題，子どもの置かれた環境や相手との関係性の問題等，様々な要因が考えられる。つぎの事例は，子どもの「話さない」という姿が，発達の遅れとして解釈された事例である。

事例12-3　健診での指摘

ユウカの母親が1歳半健診で言葉の遅れを指摘されたと，ひどく落ち込んでいる。ユウカは人見知りが強く，場や相手に慣れてくると十分に言葉でコミュニケーションをとることができる。しかし，安心して自分を表現しはじめるまでに，時間がかかることが多い。健診の場で，ユウカは一言も発することがなかったために，発達の遅れを疑われ，言葉の教室を紹介された。また，「ちゃんと話しかけていますか？」と，育て方についても指摘されたとのことであった。

ユウカの母親は健診で指摘を受けるまで，ユウカは人見知りが強いものの，言葉の発達には何の問題もないと感じていた。ところが，言葉の遅れを指摘されたため，ユウカの発達について不安になったようである。そこで，母親と一緒にユウカとの遊びに参加し，そこで言葉を十分に話していることを確認し合った。また，母親は自分の育て方を非難され，自信を失っているように感じられた。ユウカの子育てに対する母親の思いを尋ねてみると，ユウカが義父母の前でも言葉を話さないために，母親の子育てを非難されることや，周囲の人たちからも「言葉が遅いのでは？」と指摘を受けることを，つらく感じているとのことであった。

保育者は，これまでに母親が，一生懸命子育てに向き合ってきたことが十分に理解できる旨を伝え，ユウカの言葉の発達については，母親自身が不安を感じるようであれば，いつでも専門機関の相談を申し込むことができることを伝えた。母親はその後，相談機関を利用することはなく，義父母からの指摘にも「ユウカは人見知りだから」と説明できるようになった。

（2）発達の遅れ

事例12－3は人見知りによるものであったが，言葉を話さないことが発達上の重要な課題を示している場合もある。発達の評価は慎重に行う必要があるが，専門的な支援が求められる場合には，適切なサービスにつなぐ必要がある。その場合にも，単独で判断せず，園内で慎重に検討する必要がある。また，保護者に専門機関の利用を勧める際には，相互の信頼関係を十分に構築した上で，利用できる専門機関の情報だけでなく，それらの機能や役割，利用目的等をていねいに伝えることが大切である。

保護者にとって，わが子の発達の遅れは，たとえ以前から気づいていたとしても，その事実を受け止めることは容易ではない。そのため，保育者が発達上の気がかりを伝えても，保護者がそれを否定したり，怒りをぶつけたりすることもある。特に，発達とともに徐々に明らかになってくる問題は，保護者には気づきにくいことが多い。そのため，保育者が保護者よりも先に発達上の課題を見つけることも多く，両者の間で子どもの理解にズレが生じやすい[3)]。保護者に発達上の課題を伝える際には，保護者自身の気持ちのゆらぎを十分に受け止めながら，保護者の子どもに対する見方や願いを十分に把握した上で，子どもの発達を支えるためにできることを，共に考えていくことが大切である。

4．相談への対応

保育者は，子どもに関する専門的な知識をもち，多様な子どもとのかかわりを経験している。しかし，保護者は必ずしも発達に関する知識や，多様な子どもとかかわる経験を有しているわけではない。そのため，保育者にとっては「当たり前のこと」「些細なこと」と思えることも，保護者にとっては問題となることも少なくない。事例12-4をもとに，保護者からの相談への対応を考えてみよう。

事例12-4　「あっち行けー！」　2歳児

アキラの母親から，「友達と仲良くできないんです」と相談があった。「友達とは仲良くするのよ。一緒に遊ぼうっていうのよ」と繰り返し伝えているにもかかわらず，「だめ，あっち行けー！」「さわるなー！」と周囲の子どもたちを自分の遊びの場から遠ざける様子に，不安になったようである。周囲からは「ママが悪い言葉を使うから，アキラ君も汚い言葉を使うんじゃないの？」と指摘されてしまい，傷ついている様子である。

（1）保護者の思いを受け止めながら，問題を明確化する

保護者の相談を聞く際には，自分の考えはいったん脇において，保護者の思いを受け止めることが大切である。そして，「仲良くできない」とはどのような場面で，どのようにすることなのかを具体的に把握していく。また，保護者が問題のどの部分に困っているか，どのような改善を望んでいるのかを理解し，問題を明確化していくことが大切である。

事例12－4では，母親がアキラの姿に不安を抱いていることや，自分の育て方を非難されたことにより傷ついている様子がうかがえる。知識が豊富にあればあるほど，保護者に「それは～ですよ」「この時期のお子さんは～」と，助言をしたくなるところであるが，まずは保護者の思いを十分に聞くことが大切である。

（2）子どもの理解の視点や対応のモデルを示す

2歳頃の子どもは，自己中心的であり，自分と違う意思をもつ相手とぶつかりながら，しだいに他者の存在に気づいていく。相手の意図や気持ちを察して自分の思いや行動を調整することはまだ難しく，物の貸し借りができない，友達と遊べない等の姿は，年齢を考えれば当然といえるだろう。しかし保護者は，子どもが言葉を話せるようになると，子どもに約束事を守ることや，他児と仲良く遊ぶことを期待することが少なくない。そのため，子どもの自己主張に戸惑ったり，他児とのいざこざを性格上の問題として捉え，子どもの将来の不安につながったりすることもある。

アキラの「あっち行けー」「さわるなー」という言葉は自己主張であり，相手を傷つけるためのものではない。保護者は「仲良くしてほしい」「優しい子になってほしい」という願いが先に立ち，こうした姿を「意地悪」「欲張り」「友達と仲良くできない」等，否定的に見てしまいがちである。しかし，保育者は保育の専門性に基づき，このような姿を子どもの発達という観点から捉え，子どもの育ちつつある力を見とることができる。

例えば，アキラが他児に向って「あっち行けー」と言いながらも，使い

たそうに待っている相手の様子を気にしながら遊びを続けている様子や，満足して遊び終えると「いいよ」と他児に玩具を手渡す様子等が見られたとするならば，そうした姿を保護者に伝えることができる。その上で，かかわりのモデルとして，アキラの「玩具を一人で使いたい」「遊びの場に入ってきてほしくない」という思いを受け止め代弁する，そうした気持ちの伝え方としてよりふさわしい表現方法を示すなど，具体的な援助方法を伝えていくとよいだろう。

（3）発達の見通しを示す

育児不安の要因のひとつは，子どもの発達の見通しがもてないことである。見通しがもてないと，子どもの現在の問題が，子どもの将来への不安へとつながっていく。事例12－4のアキラの母親も，「将来，人とうまくかかわれない大人になるのではないか」と不安をふくらませていた。子どもの現在の姿が，発達上どのような意味をもち，今後のどのような育ちにつながっていくのかを，ていねいに伝えていくことが必要である。

まとめの課題

1．子どもの言葉の発達を保護者に伝えるための壁新聞を作ってみよう。
2．子どもの言葉の問題には，どのようなものがあるか調べてみよう。
3．「幼保連携型認定こども園教育・保育要領」「保育所保育指針」の第４章を読み，保護者に対する子育て支援の原則をまとめてみよう。

引用・参考文献

1）山﨑さやか他：乳幼児をもつ母親の育児不安と日常の育児相談相手との関連—健やか親子21最終評価の全国調査より—，日本公衛誌　65（7），pp.334-346，2018.
2）間三千夫他：児の年齢階層別に見た母親の育児不安，信愛紀要　40，pp.41-48，2000.
3）木曽陽子：発達障害の可能性がある子どもの保護者支援—保育士による気づきからの支援—，晃洋書房，2016.

学校教育法（抄）（平成30年6月1日法律第39号改正，平成31年4月1日施行）

昭和22年3月31日法律第26号

第二十二条　幼稚園は，義務教育及びその後の教育の基礎を培うものとして，幼児を保育し，幼児の健やかな成長のために適当な環境を与えて，その心身の発達を助長することを目的とする。

第二十三条　幼稚園における教育は，前条に規定する目的を実現するため，次に掲げる目標を達成するよう行われるものとする。

一　健康，安全で幸福な生活のために必要な基本的な習慣を養い，身体諸機能の調和的発達を図ること。

二　集団生活を通じて，喜んでこれに参加する態度を養うとともに家族や身近な人への信頼感を深め，自主，自律及び協同の精神並びに規範意識の芽生えを養うこと。

三　身近な社会生活，生命及び自然に対する興味を養い，それらに対する正しい理解と態度及び思考力の芽生えを養うこと。

四　日常の会話や，絵本，童話等に親しむことを通じて，言葉の使い方を正しく導くとともに，相手の話を理解しようとする態度を養うこと。

五　音楽，身体による表現，造形等に親しむことを通じて，豊かな感性と表現力の芽生えを養うこと。

幼稚園教育要領（抄）（平成29年3月31日改正，平成30年4月1日施行）

平成29年文部科学省告示第62号

第1章　総　　則

第1　幼稚園教育の基本

幼児期の教育は，生涯にわたる人格形成の基礎を培う重要なものであり，幼稚園教育は，学校教育法に規定する目的及び目標を達成するため，幼児期の特性を踏まえ，環境を通して行うものであることを基本とする。

このため教師は，幼児との信頼関係を十分に築き，幼児が身近な環境に主体的に関わり，環境との関わり方や意味に気付き，これらを取り込もうとして，試行錯誤したり，考えたりするようになる幼児期の教育における見方・考え方を生かし，幼児と共によりよい教育環境を創造するように努めるものとする。これらを踏まえ，次に示す事項を重視して教育を行わなければならない。

1　幼児は安定した情緒の下で自己を十分に発揮することにより発達に必要な体験を得ていくものであることを考慮して，幼児の主体的な活動を促し，幼児期にふさわしい生活が展開されるようにすること。

2　幼児の自発的な活動としての遊びは，心身の調和のとれた発達の基礎を培う重要な学習であることを考慮して，遊びを通しての指導を中心として第2章に示すねらいが総合的に達成されるようにすること。

3　幼児の発達は，心身の諸側面が相互に関連し合い，多様な経過をたどって成し遂げられていくものであること，また，幼児の生活経験がそれぞれ異なることなどを考慮して，幼児一人一人の特性に応じ，発達の課題に即した指導を行うようにすること。

その際，教師は，幼児の主体的な活動が確保されるよう幼児一人一人の行動の理解と予想に基づき，計画的に環境を構成しなければならない。この場合において，教師は，幼児と人やものとの関わりが重要であることを踏まえ，教材を工夫し，物的・空間的環境を構成しなければならない。また，幼児一人一人の活動の場面に応じて，様々な役割を果たし，その活動を豊かにしなければならない。

第2　幼稚園教育において育みたい資質・能力及び「幼児期の終わりまでに育ってほしい姿」

1　幼稚園においては，生きる力の基礎を育むため，この章の第1に示す幼稚園教育の基本を踏まえ，次に掲げる資質・能力を一体的に育むよう努めるものとする。

⑴　豊かな体験を通じて，感じたり，気付いたり，分かったり，できるようになったりする「知識及び技能の基礎」

⑵　気付いたことや，できるようになったことなどを使い，考えたり，試したり，工夫したり，表現したりする「思考力，判断力，表現力等の基礎」

⑶　心情，意欲，態度が育つ中で，よりよい生活を営もうとする「学びに向かう力，人間性等」

2　1に示す資質・能力は，第2章に示すねらい及び内容に基づく活動全体によって育むものである。

3　次に示す「幼児期の終わりまでに育ってほしい姿」は，第2章に示すねらい及び内容に基づく活動全体を通して資質・能力が育まれている幼児の幼稚園修了時の具体的な姿であり，教師が指導を行う際に考慮するものである。

⑴　健康な心と体

幼稚園生活の中で，充実感をもって自分のやりたいことに向かって心と体を十分に働かせ，見通しをもって行動し，自ら健康で安全な生活をつくり出すようになる。

⑵　自立心

身近な環境に主体的に関わり様々な活動を楽しむ中で，しなければならないことを自覚し，自分の力で行うために考えたり，工夫したりしながら，諦めずにやり遂げることで達成感を味わい，自信をもって行動するようになる。

⑶　協同性

友達と関わる中で，互いの思いや考えなどを共有し，共通の目的の実現に向けて，考えたり，工夫したり，協力したりし，充実感をもってやり遂げるようになる。

⑷　道徳性・規範意識の芽生え

友達と様々な体験を重ねる中で，してよいことや悪いことが分かり，自分の行動を振り返ったり，友達の気持ちに共感したりし，相手の立場に立って行動するようになる。また，きまりを守る必要性が分かり，自分の気持ちを調整し，友達と折り合いを付けながら，きまりをつくったり，守ったりするようになる。

⑸　社会生活との関わり

家族を大切にしようとする気持ちをもつとともに，地域の身近な人と触れ合う中で，人との様々な関わり方に気付き，相手の気持ちを考えて関わり，自分が役に立つ喜びを感じ，地域に親しみをもつようになる。また，幼稚園内外の様々な環境に関わる中で，遊びや生活に必要な情報を取り入れ，情報に基づき判断したり，情報を伝え合ったり，活用したりするなど，情報を役立てながら活動するようになるとともに，公共の施設を大切に利用するなどして，社会とのつながりなどを意識するようになる。

⑹　思考力の芽生え

身近な事象に積極的に関わる中で，物の性質や仕組みなどを感じ取ったり，気付いたりし，考えたり，予想したり，工夫したりするなど，多様な関わりを楽しむようになる。また，友達の様々な考えに触れる中で，自分と異なる考えがあることに気付き，自ら判断したり，考え直したりするなど，新しい考えを生み出す喜びを味わいながら，自分の考えをよりよいものにするようになる。

⑺　自然との関わり・生命尊重

自然に触れて感動する体験を通して，自然の変化などを感じ取り，好奇心や探究心をもって考え言葉などで表現しながら，身近な事象への関心が高まるとともに，自然への愛情や畏敬の念をもつようになる。また，身近な動植物に心を動かされる中で，生命の不思議さや尊さに気付き，身近な動植物への接し方を考え，命あるものとしていたわり，大切にする気持ちをもって関わるようになる。

⑻　数量や図形，標識や文字などへの関心・感覚

遊びや生活の中で，数量や図形，標識や文字などに親しむ体験を重ねたり，標識や文字の役割に気付いたりし，自らの必要感に基づきこれらを活用し，興味や関心，感覚をもつようになる。

(9)　言葉による伝え合い
先生や友達と心を通わせる中で，絵本や物語などに親しみながら，豊かな言葉や表現を身に付け，経験したことや考えたことなどを言葉で伝えたり，相手の話を注意して聞いたりし，言葉による伝え合いを楽しむようになる。

(10)　豊かな感性と表現
心を動かす出来事などに触れ感性を働かせる中で，様々な素材の特徴や表現の仕方などに気付き，感じたことや考えたことを自分で表現したり，友達同士で表現する過程を楽しんだりし，表現する喜びを味わい，意欲をもつようになる。

第3　教育課程の役割と編成等（略）

第4　指導計画の作成と幼児理解に基づいた評価

1　指導計画の考え方
幼稚園教育は，幼児が自ら意欲をもって環境と関わることによりつくり出される具体的な活動を通して，その目標の達成を図るものである。幼稚園においてはこのことを踏まえ，幼児期にふさわしい生活が展開され，適切な指導が行われるよう，それぞれの幼稚園の教育課程に基づき，調和のとれた組織的，発展的な指導計画を作成し，幼児の活動に沿った柔軟な指導を行わなければならない。

2　指導計画の作成上の基本的事項

(1)　指導計画は，幼児の発達に即して一人一人の幼児が幼児期にふさわしい生活を展開し，必要な体験を得られるようにするために，具体的に作成するものとする。

(2)　指導計画の作成に当たっては，次に示すところにより，具体的なねらい及び内容を明確に設定し，適切な環境を構成することなどにより活動が選択・展開されるようにするものとする。

ア　具体的なねらい及び内容は，幼稚園生活における幼児の発達の過程を見通し，幼児の生活の連続性，季節の変化などを考慮して，幼児の興味や関心，発達の実情などに応じて設定すること。

イ　環境は，具体的なねらいを達成するために適切なものとなるように構成し，幼児が自らその環境に関わることにより様々な活動を展開しつつ必要な体験を得られるようにすること。その際，幼児の生活する姿や発想を大切にし，常にその環境が適切なものとなるようにすること。

ウ　幼児の行う具体的な活動は，生活の流れの中で様々に変化するものであることに留意し，幼児が望ましい方向に向かって自ら活動を展開していくことができるよう必要な援助をすること。

その際，幼児の実態及び幼児を取り巻く状況の変化などに即して指導の過程についての評価を適切に行い，常に指導計画の改善を図るものとする。

3　指導計画の作成上の留意事項（略）

4　幼児理解に基づいた評価の実施
幼児一人一人の発達の理解に基づいた評価の実施に当たっては，次の事項に配慮するものとする。

(1)　指導の過程を振り返りながら幼児の理解を進め，幼児一人一人のよさや可能性などを把握し，指導の改善に生かすようにすること。その際，他の幼児との比較や一定の基準に対する達成度についての評定によって捉えるものではないことに留意すること。

(2)　評価の妥当性や信頼性が高められるよう創意工夫を行い，組織的かつ計画的な取組を推進するとともに，次年度又は小学校等にその内容が適切に引き継がれるようにすること。

第5～第7（略）

第2章　ねらい及び内容

言　葉

（経験したことや考えたことなどを自分なりの言葉で表現し，相手の話す言葉を聞こうとする意欲や態度を育て，言葉に対する感覚や言葉で表現する力を養う。）

1　ねらい

⑴　自分の気持ちを言葉で表現する楽しさを味わう。

⑵　人の言葉や話などをよく聞き，自分の経験したことや考えたことを話し，伝え合う喜びを味わう。

⑶　日常生活に必要な言葉が分かるようになるとともに，絵本や物語などに親しみ，言葉に対する感覚を豊かにし，先生や友達と心を通わせる。

2　内　容

⑴　先生や友達の言葉や話に興味や関心をもち，親しみをもって聞いたり，話したりする。

⑵　したり，見たり，聞いたり，感じたり，考えたりなどしたことを自分なりに言葉で表現する。

⑶　したいこと，してほしいことを言葉で表現したり，分からないことを尋ねたりする。

⑷　人の話を注意して聞き，相手に分かるように話す。

⑸　生活の中で必要な言葉が分かり，使う。

⑹　親しみをもって日常の挨拶をする。

⑺　生活の中で言葉の楽しさや美しさに気付く。

⑻　いろいろな体験を通じてイメージや言葉を豊かにする。

⑼　絵本や物語などに親しみ，興味をもって聞き，想像をする楽しさを味わう。

⑽　日常生活の中で，文字などで伝える楽しさを味わう。

3　内容の取扱い

上記の取扱いに当たっては，次の事項に留意する必要がある。

⑴　言葉は，身近な人に親しみをもって接し，自分の感情や意志などを伝え，それに相手が応答し，その言葉を聞くことを通して次第に獲得されていくものであることを考慮して，幼児が教師や他の幼児と関わることにより心を動かされるような体験をし，言葉を交わす喜びを味わえるようにすること。

⑵　幼児が自分の思いを言葉で伝えるとともに，教師や他の幼児などの話を興味をもって注意して聞くことを通して次第に話を理解するようになっていき，言葉による伝え合いができるようにすること。

⑶　絵本や物語などで，その内容と自分の経験とを結び付けたり，想像を巡らせたりするなど，楽しみを十分に味わうことによって，次第に豊かなイメージをもち，言葉に対する感覚が養われるようにすること。

⑷　幼児が生活の中で，言葉の響きやリズム，新しい言葉や表現などに触れ，これらを使う楽しさを味わえるようにすること。その際，絵本や物語に親しんだり，言葉遊びなどをしたりすることを通して，言葉が豊かになるようにすること。

⑸　幼児が日常生活の中で，文字などを使いながら思ったことや考えたことを伝える喜びや楽しさを味わい，文字に対する興味や関心をもつようにすること。

保育所保育指針（抄）（平成29年3月31日改正，平成30年4月1日施行）

平成29年厚生労働省告示第117号

第1章　総　　則

この指針は，児童福祉施設の設備及び運営に関する基準（昭和23年厚生省令第63号。以下「設備運営基準」という。）第35条の規定に基づき，保育所における保育の内容に関する事項及びこれに関連する運営に関する事項を定めるものである。各保育所は，この指針において規定される保育の内容に係る基本原則に関する事項等を踏まえ，各保育所の実情に応じて創意工夫を図り，保育所の機能及び質の向上に努めなければならない。

1　保育所保育に関する基本原則
(1)　保育所の役割（略）
(2)　保育の目標
ア　保育所は，子どもが生涯にわたる人間形成にとって極めて重要な時期に，その生活時間の大半を過ごす場である。このため，保育所の保育は，子どもが現在を最も良く生き，望ましい未来をつくり出す力の基礎を培うために，次の目標を目指して行わなければならない。
(ア)　十分に養護の行き届いた環境の下に，くつろいだ雰囲気の中で子どもの様々な欲求を満たし，生命の保持及び情緒の安定を図ること。
(イ)　健康，安全など生活に必要な基本的な習慣や態度を養い，心身の健康の基礎を培うこと。
(ウ)　人との関わりの中で，人に対する愛情と信頼感，そして人権を大切にする心を育てるとともに，自主，自立及び協調の態度を養い，道徳性の芽生えを培うこと。
(エ)　生命，自然及び社会の事象についての興味や関心を育て，それらに対する豊かな心情や思考力の芽生えを培うこと。
(オ)　生活の中で，言葉への興味や関心を育て，話したり，聞いたり，相手の話を理解しようとするなど，言葉の豊かさを養うこと。
(カ)　様々な体験を通して，豊かな感性や表現力を育み，創造性の芽生えを培うこと。
イ　保育所は，入所する子どもの保護者に対し，その意向を受け止め，子どもと保護者の安定した関係に配慮し，保育所の特性や保育士等の専門性を生かして，その援助に当たらなければならない。

（略）

第2章　保育の内容

1　乳児保育に関わるねらい及び内容
(1)　基本的事項
ア　乳児期の発達については，視覚，聴覚などの感覚や，座る，はう，歩くなどの運動機能が著しく発達し，特定の大人との応答的な関わりを通じて，情緒的な絆（きずな）が形成されるといった特徴がある。これらの発達の特徴を踏まえて，乳児保育は，愛情豊かに，応答的に行われることが特に必要である。
イ　本項においては，この時期の発達の特徴を踏まえ，乳児保育の「ねらい」及び「内容」については，身体的発達に関する視点「健やかに伸び伸びと育つ」，社会的発達に関する視点「身近な人と気持ちが通じ合う」及び精神的発達に関する視点「身近なものと関わり感性が育つ」としてまとめ，示している。
ウ　本項の各視点において示す保育の内容は，第1章の2に示された養護における「生命の保持」及び「情緒の安定」に関わる保育の内容と，一体となって展開されるものであることに留意が必要である。
(2)　ねらい及び内容
ア　健やかに伸び伸びと育つ
健康な心と体を育て，自ら健康で安全な生活をつくり出す力の基盤を培う。
(ア)　ねらい
①身体感覚が育ち，快適な環境に心地よさを感じる。
②伸び伸びと体を動かし，はう，歩くなどの運動をしようとする。
③食事，睡眠等の生活のリズムの感覚が芽生える。
(イ)　内　容
①保育士等の愛情豊かな受容の下で，生理的・心理的欲求を満たし，心地よく生活をする。
②一人一人の発育に応じて，はう，立つ，歩くなど，十分に体を動かす。
③個人差に応じて授乳を行い，離乳を進めていく中で，様々な食品に少しずつ慣れ，食

べることを楽しむ。

④ 一人一人の生活のリズムに応じて，安全な環境の下で十分に午睡をする。

⑤ おむつ交換や衣服の着脱などを通じて，清潔になることの心地よさを感じる。

(ウ) 内容の取扱い

上記の取扱いに当たっては，次の事項に留意する必要がある。

① 心と体の健康は，相互に密接な関連があるものであることを踏まえ，温かい触れ合いの中で，心と体の発達を促すこと。特に，寝返り，お座り，はいはい，つかまり立ち，伝い歩きなど，発育に応じて，遊びの中で体を動かす機会を十分に確保し，自ら体を動かそうとする意欲が育つようにすること。

② 健康な心と体を育てるためには望ましい食習慣の形成が重要であることを踏まえ，離乳食が完了期へと徐々に移行する中で，様々な食品に慣れるようにするとともに，和やかな雰囲気の中で食べる喜びや楽しさを味わい，進んで食べようとする気持ちが育つようにすること。なお，食物アレルギーのある子どもへの対応については，嘱託医等の指示や協力の下に適切に対応すること。

イ　身近な人と気持ちが通じ合う

受容的・応答的な関わりの下で，何かを伝えようとする意欲や身近な大人との信頼関係を育て，人と関わる力の基盤を培う。

(ア) ねらい

① 安心できる関係の下で，身近な人と共に過ごす喜びを感じる。

② 体の動きや表情，発声等により，保育士等と気持ちを通わせようとする。

③ 身近な人と親しみ，関わりを深め，愛情や信頼感が芽生える。

(イ) 内　容

① 子どもからの働きかけを踏まえた，応答的な触れ合いや言葉がけによって，欲求が満たされ，安定感をもって過ごす。

② 体の動きや表情，発声，喃語（なんご）等を優しく受け止めてもらい，保育士等とのやり取りを楽しむ。

③ 生活や遊びの中で，自分の身近な人の存在に気付き，親しみの気持ちを表す。

④ 保育士等による語りかけや歌いかけ，発声や喃語等への応答を通じて，言葉の理解や発語の意欲が育つ。

⑤ 温かく，受容的な関わりを通じて，自分を肯定する気持ちが芽生える。

(ウ) 内容の取扱い

上記の取扱いに当たっては，次の事項に留意する必要がある。

① 保育士等との信頼関係に支えられて生活を確立していくことが人と関わる基盤となることを考慮して，子どもの多様な感情を受け止め，温かく受容的・応答的に関わり，一人一人に応じた適切な援助を行うようにすること。

② 身近な人に親しみをもって接し，自分の感情などを表し，それに相手が応答する言葉を聞くことを通して，次第に言葉が獲得されていくことを考慮して，楽しい雰囲気の中での保育士等との関わり合いを大切にし，ゆっくりと優しく話しかけるなど，積極的に言葉のやり取りを楽しむことができるようにすること。

ウ　身近なものと関わり感性が育つ

身近な環境に興味や好奇心をもって関わり，感じたことや考えたことを表現する力の基盤を培う。

(ア) ねらい

① 身の回りのものに親しみ，様々なものに興味や関心をもつ。

② 見る，触れる，探索するなど，身近な環境に自分から関わろうとする。

③ 身体の諸感覚による認識が豊かになり，表情や手足，体の動き等で表現する。

(イ) 内　容

① 身近な生活用具，玩具や絵本などが用意された中で，身の回りのものに対する興味や好奇心をもつ。

② 生活や遊びの中で様々なものに触れ，音，形，色，手触りなどに気付き，感覚の働きを豊かにする。
③ 保育士等と一緒に様々な色彩や形のものや絵本などを見る。
④ 玩具や身の回りのものを，つまむ，つかむ，たたく，引っ張るなど，手や指を使って遊ぶ。
⑤ 保育士等のあやし遊びに機嫌よく応じたり，歌やリズムに合わせて手足や体を動かして楽しんだりする。

(ウ) 内容の取扱い
上記の取扱いに当たっては，次の事項に留意する必要がある。
① 玩具などは，音質，形，色，大きさなど子どもの発達状態に応じて適切なものを選び，その時々の子どもの興味や関心を踏まえるなど，遊びを通して感覚の発達が促されるものとなるように工夫すること。なお，安全な環境の下で，子どもが探索意欲を満たして自由に遊べるよう，身の回りのものについては，常に十分な点検を行うこと。
② 乳児期においては，表情，発声，体の動きなどで，感情を表現することが多いことから，これらの表現しようとする意欲を積極的に受け止めて，子どもが様々な活動を楽しむことを通して表現が豊かになるようにすること。

(3) 保育の実施に関わる配慮事項（略）

2　1歳以上3歳未満児の保育に関わるねらい及び内容

(1) 基本的事項
ア　この時期においては，歩き始めから，歩く，走る，跳ぶなどへと，基本的な運動機能が次第に発達し，排泄(せつ)の自立のための身体的機能も整うようになる。つまむ，めくるなどの指先の機能も発達し，食事，衣類の着脱なども，保育士等の援助の下で自分で行うようになる。発声も明瞭になり，語彙も増加し，自分の意思や欲求を言葉で表出できるようになる。このように自分でできることが増えてくる時期であることから，保育士等は，子どもの生活の安定を図りながら，自分でしようとする気持ちを尊重し，温かく見守るとともに，愛情豊かに，応答的に関わることが必要である。
イ　本項においては，この時期の発達の特徴を踏まえ，保育の「ねらい」及び「内容」について，心身の健康に関する領域「健康」，人との関わりに関する領域「人間関係」，身近な環境との関わりに関する領域「環境」，言葉の獲得に関する領域「言葉」及び感性と表現に関する領域「表現」としてまとめ，示している。
ウ　本項の各領域において示す保育の内容は，第1章の2に示された養護における「生命の保持」及び「情緒の安定」に関わる保育の内容と，一体となって展開されるものであることに留意が必要である。

(2) ねらい及び内容

（略）

エ　言　葉
経験したことや考えたことなどを自分なりの言葉で表現し，相手の話す言葉を聞こうとする意欲や態度を育て，言葉に対する感覚や言葉で表現する力を養う。

(ア) ねらい
① 言葉遊びや言葉で表現する楽しさを感じる。
② 人の言葉や話などを聞き，自分でも思ったことを伝えようとする。
③ 絵本や物語等に親しむとともに，言葉のやり取りを通じて身近な人と気持ちを通わせる。

(イ) 内　容
① 保育士等の応答的な関わりや話しかけにより，自ら言葉を使おうとする。
② 生活に必要な簡単な言葉に気付き，聞き分ける。
③ 親しみをもって日常の挨拶に応じる。

④ 絵本や紙芝居を楽しみ，簡単な言葉を繰り返したり，模倣をしたりして遊ぶ。
⑤ 保育士等とごっこ遊びをする中で，言葉のやり取りを楽しむ。
⑥ 保育士等を仲立ちとして，生活や遊びの中で友達との言葉のやり取りを楽しむ。
⑦ 保育士等や友達の言葉や話に興味や関心をもって，聞いたり，話したりする。

(ウ) 内容の取扱い

上記の取扱いに当たっては，次の事項に留意する必要がある。

① 身近な人に親しみをもって接し，自分の感情などを伝え，それに相手が応答し，その言葉を聞くことを通して，次第に言葉が獲得されていくものであることを考慮して，楽しい雰囲気の中で保育士等との言葉のやり取りができるようにすること。
② 子どもが自分の思いを言葉で伝えるとともに，他の子どもの話などを聞くことを通して，次第に話を理解し，言葉による伝え合いができるようになるよう，気持ちや経験等の言語化を行うことを援助するなど，子ども同士の関わりの仲立ちを行うようにすること。
③ この時期は，片言から，二語文，ごっこ遊びでのやり取りができる程度へと，大きく言葉の習得が進む時期であることから，それぞれの子どもの発達の状況に応じて，遊びや関わりの工夫など，保育の内容を適切に展開することが必要であること。

就学前の子どもに関する教育，保育等の総合的な提供の推進に関する法律（抄）

（平成29年4月26日法律第25号改正，平成30年4月1日施行）

平成18年6月15日法律第77号

第三章　幼保連携型認定こども園

（教育及び保育の目標）

第九条　幼保連携型認定こども園においては，第二条第七項に規定する目的を実現するため，子どもに対する学校としての教育及び児童福祉施設（児童福祉法第七条第一項に規定する児童福祉施設をいう。次条第二項において同じ。）としての保育並びにその実施する保護者に対する子育て支援事業の相互の有機的な連携を図りつつ，次に掲げる目標を達成するよう当該教育及び当該保育を行うものとする。

一　健康，安全で幸福な生活のために必要な基本的な習慣を養い，身体諸機能の調和的発達を図ること。
二　集団生活を通じて，喜んでこれに参加する態度を養うとともに家族や身近な人への信頼感を深め，自主，自律及び協同の精神並びに規範意識の芽生えを養うこと。
三　身近な社会生活，生命及び自然に対する興味を養い，それらに対する正しい理解と態度及び思考力の芽生えを養うこと。
四　日常の会話や，絵本，童話等に親しむことを通じて，言葉の使い方を正しく導くとともに，相手の話を理解しようとする態度を養うこと。
五　音楽，身体による表現，造形等に親しむことを通じて，豊かな感性と表現力の芽生えを養うこと。
六　快適な生活環境の実現及び子どもと保育教諭その他の職員との信頼関係の構築を通じて，心身の健康の確保及び増進を図ること。

■編著者　　　　　　　　　　　　　　（執筆担当）

戸田雅美（とだ まさみ）　東京家政大学児童学部教授　第1・3章

■著　者（50音順）

岡田たつみ（おかだ たつみ）　帝京大学教育学部教授　第7章

金澤妙子（かなざわ たえこ）　大東文化大学文学部教授　第5章

亀﨑美沙子（かめざき みさこ）　十文字学園女子大学人間生活学部准教授　第12章

菅野良美（かんの よしみ）　東京家政大学家政学部非常勤講師　第11章

小久保圭一郎（こくぼ けいいちろう）　倉敷市立短期大学教授　第9章

田中卓也（たなか たくや）　育英大学教育学部教授　第10章

内藤知美（ないとう ともみ）　田園調布学園大学子ども未来学部教授　第4・8章

永倉みゆき（ながくら みゆき）　静岡県立大学短期大学部教授　第6章

平山祐一郎（ひらやま ゆういちろう）　東京家政大学家政学部教授　第2章

演習 保育内容「言葉」—基礎的事項の理解と指導法—

2019年（平成31年）4月25日　初版発行
2024年（令和6年）1月25日　第6刷発行

編著者　戸田雅美
発行者　筑紫和男
発行所　株式会社 建帛社 KENPAKUSHA

〒112-0011　東京都文京区千石4丁目2番15号
TEL (03) 3944-2611
FAX (03) 3946-4377
https://www.kenpakusha.co.jp/

ISBN978-4-7679-5102-7　C3037　　亜細亜印刷／愛千製本所